大学十讲

怎样读大学

包刚升 ———— 著

山西出版传媒集团　山西人民出版社

图书在版编目(CIP)数据

大学十讲:怎样读大学 / 包刚升著. -- 太原:山西人民出版社, 2025.10. -- ISBN 978-7-203-14139-6

Ⅰ. G645.5

中国国家版本馆 CIP 数据核字第 202531D8E7 号

大学十讲:怎样读大学

| 著　　者：包刚升
| 责任编辑：贾　娟
| 复　　审：李　鑫
| 终　　审：梁晋华
| 装帧设计：陆红强
| 出 版 者：山西出版传媒集团・山西人民出版社
| 地　　址：太原市建设南路 21 号
| 邮　　编：030012
| 发行营销：0351-4922220　4955996　4956039　4922127(传真)
| 天猫官网：https://sxrmcbs.tmall.com　电话：0351-4922159
| E-mail：sxskcb@163.com　发行部
| 　　　　 sxskcb@126.com　总编室
| 网　　址：www.sxskcb.com
| 经 销 者：山西出版传媒集团・山西人民出版社
| 承 印 厂：北京汇林印务有限公司
| 开　　本：870mm×1120mm　1/32
| 印　　张：10
| 字　　数：180 千字
| 版　　次：2025 年 10 月　第 1 版
| 印　　次：2025 年 10 月　第 1 次印刷
| 书　　号：ISBN 978-7-203-14139-6
| 定　　价：78.00 元

如有印装质量问题请与本社联系调换

序言
我们应该怎样读大学？

很多同学和家长普遍关心读什么大学，但他们较少关注怎样读大学。很多人认为，读大学，就是一个跟着学校的课程进度、按部就班学习的过程，就如同读中学一般。而四年下来，很多同学才发现，不同的人读大学的实际方式是完全不同的，大家在知识、技能与经验上的积累差异是很大的。据我观察，恐怕只有少数同学能度过四年卓有成效的大学生活，很多同学的收获其实并没有那么大。

那么，到底应该怎样读大学？对大学生来说，这是一个非常现实的问题。类似的问题，还包括到底应该怎样读研究生？

大约三十年前，当我考入北京大学经济学院时，我其实对怎样读大学还一无所知。即便入学以后，从班主任、学校指导教师那里获得了关于怎样读大学的一鳞半爪的资讯与建议，我还是不知道自己应该怎样读大学。现在回想起来，如果以今天的经历和见识，我当然可以过更加卓有成效的四年大学生活。

这些年，我先后在北京大学完成了本硕博阶段的教育，又长期在复旦大学执教,了解中国顶尖大学的教育理念、教学方式与学生状况。这些年,我还先后在三所世界名校从事过访问研究,分别是伦敦政治经济学院(2011—2012年)、哈佛大学(2019—2020年)、斯坦福大学(2025年),了解世界一流大学的理念、风格与特色。这些年,我还亲眼目睹了许多前辈、同学、朋友、学生从学校毕业、步入职场,在业界摸爬滚打,努力向前,取得了不同人生成就的故事——其中不乏中国许多领域的顶尖人物。

有了这样的经历和见识,三十年后,如果你再来问我,到底应该怎样读大学,我自然会有一套完全不同的答案。

在我看来,今天的绝大多数大学生和研究生,如同三十年前的我一样,对到底应该怎样读大学依然知之甚少。其中的原因是多方面的,首先是多数同学和家长通常不具备理解这个问题所需要的视野和格局;其次是读大学固然要完成学校的规定动作,但读大学的品质很大程度上取决于个人的自选动作;再次是包括人工智能(AI)在内的新技术和新趋势层出不穷,更需要我们超越目前的大学教育体系,通过积极拥抱新技术,来提升和发展自我。

为了回答好这个问题,我一方面自己做了许多案头研究和梳理总结,另一方面又咨询了许多年轻朋友的想法和建议,然后提炼出了跟"怎样读大学"有关的十大问题,并一一进行解读和回答。我想,这些问题也是今天的大学生和研究生普遍关

心的问题。这十大问题分别是:

1. 如何有效阅读?

2. 如何有效写作?

3. 如何有效演讲?

4. 如何自我管理?

5. 如何做好研究?

6. 如何进行有逻辑的思考?

7. 如何有效开会与进行公共辩论?

8. 如何脚踏实地?如何仰望星空?

9. 如何成为创新者?

10. 如何在 AI 时代学习与成长?

我这本新书《大学十讲:怎样读大学?》的主要任务,就是为了回答这十大问题,进而帮助同学们理解"我们应该怎样读大学"。在这本书中,我努力做到三个平衡:既关注大学教育和个人成长的本质问题,又关注给同学们提供许多富有价值的实用建议;既关注中国社会的阶段、情境与特点,又关注世界范围内的经济、科技与知识的前沿趋势;既关注让同学和家长感到焦虑的很多现实问题,又关注理想主义者的抱负、使命与情怀。

因此,这是一本适合所有大学生和研究生的作品,也适合所有的家长朋友、大学辅导老师和大学教育工作者。但我必须坦诚地说,由于我是一位政治学或社会科学教授,所以,我在书中所举的例子更适合人文社科经管类的大学生和研究生。但我相信，无论你就读的专业是什么，所有同学们都可以从这部作品中受益。

最后，我要特别感谢我的老同学闵昱、郭济莺夫妇对我学术研究的支持。

包刚升
2025 年 4 月初稿完成于斯坦福大学 Encina Hall
2025 年 7 月修订稿完成于复旦大学文科楼

目 录

第一讲　如何有效阅读？

我们能好好读书吗？ / 001

从自我的觉醒到世界的发现 / 003

通过阅读突破时空条件的限制 / 005

我们到底应该读什么书？ / 009

我们不应该读哪些书？ / 015

有效读书的四条原则 / 017

关于有效阅读的三个问题 / 023

如何通过阅读成为专家？ / 027

第二讲　如何有效写作？

我们能写出好文章吗？ / 032

写作何以重要的两个实例 / 033

为什么文章常常写不好？ / 036

耶鲁老师眼中中国学生的写作问题 / 039

好文章的低阶标准 / 041

好文章的高阶标准 / 043

写作实例：高速公路遭遇暴雪天之后 / 047

我们该如何训练写作？ / 050

如何看待人工智能时代的写作？ / 055

第三讲　如何有效演讲？

为什么许多人恐惧演讲？ / 058

政治模式与演讲重要性的差异 / 060

著名的伯里克利演说 / 062

古代城邦与现代社会的演讲 / 065

到底什么是好的演讲？四大误区 / 070

公众演讲是一种契约 / 073

如何造就卓越的演讲能力？ / 077

如何设计一场演讲？六个通用原则 / 081

如何设计一场演讲？三个高阶技巧 / 087

第四讲　如何自我管理？

自我管理到底是个什么问题？ / 091

统一管理的难题与个体路径的差异 / 094

是否应该填满大学生的时间？ / 097

成就卓越的是个性而非共性 / 099

好奇心与想象力驱动的人生 / 100

德鲁克：把正确的事情做正确 / 102

卓有成效的五种习惯 / 105

如何自我管理？做好四件事情 / 112

如何自我管理？做好四项平衡 / 116

什么样的人适合走学术道路？ / 119

世界一流大学如何选人？ / 120

第五讲　如何做好研究？

什么不是社会科学研究？ / 124

什么是研究或社会科学研究？ / 126

什么是理论？ / 130

关于自然和社会的著名理论 / 132

一项社会科学研究的结构 / 135

作为样本的《专制与民主的社会起源》/ 141

怎样做社会科学研究？打好基础 / 143

怎样做社会科学研究？具体实施 / 148

为什么有些研究众人瞩目？ / 151

第六讲　如何进行有逻辑的思考？

我们喜欢讲逻辑吗？ / 157

逻辑到底是什么？ / 164

简单问题与复杂问题的逻辑 / 167

如何进行有逻辑的思考？通识教育的角色 / 169

如何进行有逻辑的思考？社会科学"三板斧" / 173

用"三板斧"检验两项著名的理论 / 178

如何训练批判性思维？ / 181

第七讲　如何有效开会与进行公共辩论？

为什么会议常常是无效的？ / 184

高效率会议的原则与方法 / 188

罗伯特议事规则的起源 / 192

什么是罗伯特议事规则？ / 195

有效公共辩论的原则 / 201

如何借助公共讨论推动社会进步？ / 208

第八讲 如何脚踏实地？如何仰望星空？

理解脚踏实地与仰望星空 / 213

我们面临许多结构性难题 / 214

生存焦虑症患者与空想家 / 217

如何脚踏实地？结构与要义 / 219

富兰克林与爱默生的告诫 / 225

脚踏实地的四条原则 / 227

如何仰望星空？结构与要义 / 230

专利局职员爱因斯坦 / 233

流亡者阿伦特 / 235

数学家张益唐：从困顿到顶尖 / 237

一位企业家朋友的故事 / 241

仰望星空的原则 / 243

第九讲 如何成为创新者？

更需要支持创新的文化 / 247

现代世界的一切都是创新的成果 / 250

企业家精神的重要性：硅谷经验 / 252

存量还是增量？未来属于创新者 / 256

风格各异的创新者 / 261

创新者的首创精神与勇气 / 264

假如你是 1980 年代的经济学家 / 267

创新者的能力准备 / 269

如何发起新事业？一个伟大的女孩 / 272

发起新事业的"铁三角" / 275

第十讲　如何在 AI 时代学习与成长？

自我教育与持续进步的人生 / 281

中国教育变化背后的时代变迁 / 283

AI 正在改变一切：从知识到教育 / 285

中国教育的成就及其挑战 / 287

AI 时代的知识、个性与国家竞争力 / 293

AI 是这代年轻人的最大机会 / 299

年轻人应该拥抱而非恐惧 AI 时代 / 303

第一讲
如何有效阅读？

> 读史使人明智，读诗使人聪慧，演算使人精密，哲理使人深刻，伦理学使人有修养，逻辑修辞使人善辩。总之，知识能塑造人的性格。
>
> ——弗兰西斯·培根

这一讲的主题是如何有效阅读，即有效阅读的原则和方法。在这一讲，我想跟你讨论的是：为什么读书很重要？我们到底应该读什么书？什么是有效读书的一般原则？有效读书有哪些重要的方法？以及更进一步的问题：如何通过阅读成为专家？

我们能好好读书吗？

我在大学里工作和生活，但我对目前的一个现象感到有些担忧。我接触的许多学生，并没有真正做到"好好读书"——

无论是本科生还是研究生。虽然并非所有学生都是这样，但确实有相当部分学生都没能进行有效的阅读。

这种现象大体上有两个直接原因。一是同学们的课程负担太重。比如，许多大学对本科生的学分要求都高达140个或150个学分以上。学生从大一开始就忙于修读课程，他们需要完成各种各样的课程，而且其中大量都是必修课程。二是他们读大学期间往往被安排了各种各样的活动，这些活动有的来自学校，有的来自院系，院校两级的学工系统往往是这些活动的主办者。这些活动占用了学生的大量时间，也就减少了他们可以自主阅读的时间。

除此之外，如今还有一个不容忽视的技术构成了跟阅读的竞争关系。如今的信息和资讯诱惑实在太多了，身处移动互联网和视频媒体时代的人们每天需要面对海量的信息和资讯，各种日新月异的信息和资讯不断涌入我们的生活，极大地分散了人们的注意力。有一个流行的说法是，如今大部分人平均每6到8分钟就会查看一次手机——高校学生自然也不例外。作为超级信息终端，智能手机可以整合包括文字、音频、视频、即时通讯在内的各种各样的资讯内容。这些来自国内外的资讯，不仅无所不包，而且比传统阅读形式更加令人愉悦。因此，使用手机的种种诱惑，使得许多人很难再集中精力去专心阅读了。

当然，我们不可能也不应该回避新技术时代的海量资讯浪潮。拥抱新技术，驾驭海量资讯，已经成为这一代年轻人的必备能力与素养。但我们仍需在信息洪流中保持定力，养成专注、深入的阅读习惯。

进一步说，另一个深层原因，是很多同学在中学阶段就没有养成良好的读书习惯。尽管我们参加了中考和高考，读了很多书，但这跟真正意义的自主阅读习惯是两回事。据我多年以来的观察，即便在中国一流大学的人文社科院系，养成良好阅读习惯的学生比例大概也不会超过三分之一。根据中国青年网的一个调查，在时间完全自由支配的寒假生活中，近六成大学生每天阅读时长不足一个小时。[1]

所以，对于今天的许多大学生和研究生，如何有效阅读依然是一个很大的挑战。

从自我的觉醒到世界的发现

在我看来，许多同学对读书的理解还远远不够深刻。表面上，读书只是拿起一本书，获取中间的文字和信息，把它们存储到大脑中，然后在将来需要时调取这些资讯并进行输出。然而，这种对阅读的理解是比较肤浅的。读书的意义，远不止于此。

---

[1] 大学生寒假阅读调查：近六成每天阅读不足一小时，半数以上看过电子书，中国青年网，2020 年 2 月 5 日，https://edu.youth.cn/jyzx/jyxw/202002/t20200205_12185757.htm。

我过去曾为《新京报》写过一篇文章，回忆自己高中时代的读书经历。[1] 就我的理解而言，读书有三个非常重要的功能。第一个功能是通过阅读实现自我觉醒。很多人在成长的过程中，都会有那么一个时刻，突然意识到自己是一个独立的主体，意识到自己生而为人的意义、责任与使命，意识到自己竟然拥有独特的个性和与众不同的人生想象。这种自我觉醒，很多人正是通过阅读才得以实现的。

第二个功能是通过阅读实现对世界的发现。阅读，让我们能够看到更广阔的时空，接触古今中外的不同思想，更好地理解我们每天生活其中的真实世界。实际上，一个人不读点历史和哲学，不懂点经济学和政治学，是很难真正理解这个复杂的现代世界的。

第三个功能是通过阅读实现学术启蒙。一谈到学术，有人误以为我希望大家都能成为学者，其实我完全没有这样想。按比例，即便是一流大学的本科生和研究生，也只有少数同学最终会走学术道路，大部分同学都会从事其他实务工作。但即便如此，读大学期间接受学术训练，仍然是每个人的必修课。阅读的好处就是，它能帮助读者完成学术启蒙。

---

[1] 包刚升，《我的高中阅读：从自我的觉醒到世界的发现》，载于《新京报》客户端，2023 年 9 月 6 日，https://m.bjnews.com.cn/detail/1693972723169643.html。

关于读书，我时常喜欢引用英国哲学家弗兰西斯·培根的一段话：

> 读史使人明智，读诗使人聪慧，演算使人精密，哲理使人深刻，伦理学使人有修养，逻辑修辞使人善辩。总之，知识能塑造人的性格。[1]

在培根看来，知识就是力量，阅读和知识还能塑造人的性格。

通过阅读突破时空条件的限制

对于绝大多数来自普通家庭或中产家庭的孩子来说，读书有时更有着某种起振聋发聩作用的特殊价值。多数同学从小生长的环境往往只能提供比较有限的视野和格局，无法看到这个复杂现代世界的诸种重要方面，也无法理解这个世界到底是怎么运转的。那么，一个年轻人如何才能理解这个复杂的世界呢？

大多数年轻人的认知形成，主要受到两个因素的影响。第一是从小生活在父母身边，因而受到家庭和社区环境的影响；

---

[1] 弗兰西斯·培根，《培根论人生》，何新译，上海：上海人民出版社，1983年，第13~14页。

第二是从小进入学校，受到老师、教科书体系和教育系统的影响。这两个主要因素往往限定了大多数人的认知框架。如今，尽管许多中国年轻人有机会去国外旅行，但无论他们走得多远，依然受着目力所及的时空条件的约束。

那么，怎样才能帮助年轻人突破自身时空条件的限制呢？我认为，最好的办法就是阅读。当一个年轻人开始阅读和思考时，就会发现，阅读能够帮助他大大超越自身成长的环境和时空条件的限制。阅读其实是一种最便捷的方式，可以带领年轻人穿越到古代，抵达至远方，探索他们并未亲历的未知世界。就此而言，阅读能够帮助年轻人从一个原本狭窄的地方，走上一条通向广阔世界的道路。

世界上的事情，往往要比一个年轻人所亲身经历的事情更为开阔、复杂和深奥。这一点，对于绝大多数来自普通家庭或中产家庭的孩子来说，显得尤为重要。许多年轻人正是通过阅读，构建起一个由自己和所阅读书籍共同塑造的世界。这样，他们不再只是生活在自己的家庭、社区和学校中，而是通过阅读形成了一个超越自身环境的更广博的人生空间。

举个例子，许多年轻朋友都读过美国19世纪思想家和文学家亨利·戴维·梭罗所著的《瓦尔登湖》。[1] 我在中学时也读

---

[1] 亨利·戴维·梭罗，《瓦尔登湖》，仲泽译，南京：译林出版社，2020年。

过这本书，这部作品也对我产生了一定的影响。但我真正见到瓦尔登湖，已经是2019年圣诞节前后了。那天，我从位于美国麻省坎布里奇的哈佛大学教师公寓出发，驱车朝西北方向前行几十公里，来到一个叫康科德的小镇。而瓦尔登湖就位于康科德的一片密林之中。然而，当我抵达并亲眼目睹瓦尔登湖时，它给我的冲击其实并没有像我年轻时读梭罗的《瓦尔登湖》这部作品时那般强烈。

实际上，我读中学时既没有去过美国麻省，更没有亲眼目睹瓦尔登湖。但是，通过梭罗这本书，借助他文字的笔触，我已经领略了这位大思想家对他自己在瓦尔登湖畔生活的描写，已经理解了他对自然、人生、社会等许多重大问题的思考。所以，那时的我其实已经跟梭罗产生强烈的共鸣，理解了当年的梭罗作为一个孤独的思考者在这偏僻荒凉的瓦尔登湖畔的所见所闻与所思所想。

关于对生命的深刻理解，梭罗这样写道：

> 我走近丛林，是因为我想带着明确的目的去生活，以图直面生命的本质，以验证我能否领会它蕴含的启示，以免在弥留之际，发现自己并没有真正活过。我无意过那种缺乏意义的生活——生活何其美妙！我也无意顺从天命，除非十分必要。我想深切地活着，吸纳生命所有的精髓，活得像斯巴达人那样刚劲强毅，以彻底革除并

非生命本质的一切;披荆斩棘、斩草除根式地开拓出一条道路,将生命逼入死角,滤去其他,只剩下最基本的要素。[1]

关于简约主义的生活方式,梭罗这样写道:

简约,简约,还是简约!告诉你,让事情剩下三件两件,而非成百上千;何须操心百万,半打足矣,将账目记在拇指盖上即可。……简单<u>些</u>,再简单<u>些</u>!为什么要一日三餐,如果可能就只吃一顿;为什么要杯盘碟盏放满桌子,五个够了,其他事情也可以相应地简化。[2]

关于成功、自我和个性,梭罗这样写道:

我们为何要不顾一切地匆忙于成功,不顾一切地沉溺于所谓进取?如果有人无法跟自己的同人并驾齐驱,可能是因为他听到了另一种鼓声。还是由他随着自己听到的鼓

---

[1] 亨利·戴维·梭罗,《瓦尔登湖》,仲泽译,南京:译林出版社,2020年,第109页。
[2] 亨利·戴维·梭罗,《瓦尔登湖》,仲泽译,南京:译林出版社,2020年,第110~111页。

点前进，不管什么节奏，也不管多么遥远。[1]

梭罗的这些文字与思想，对当年我尚幼小的心灵产生了极大的触动。这种触动甚至是我后来自己开车去瓦尔登湖畔所不再能够感受到的。所以，即便一个年轻人从来没有去过瓦尔登湖畔，但只要他用心去阅读、用力去感受梭罗《瓦尔登湖》这部作品，那么他的心灵和头脑其实早已抵达了瓦尔登湖。

这种阅读体验和个人经历的强烈对比，让我意识到，阅读是可以帮助人超越时空的。

我们到底应该读什么书？

读书是重要的，问题是我们应该读什么书呢？对大学生与研究生来说，我的第一条建议是应该在文学书和非文学书之间寻求平衡。

从小到大，许多中小学老师告诉我们，读课外书主要是读中外文学名著——我们需要读中国四大文学名著，还需要读些世界文学名著。但问题是，从我自己的成长经历来看，很少有

---

[1] 亨利·戴维·梭罗，《瓦尔登湖》，仲泽译，南京：译林出版社，2020年，第391页。

中小学老师会提醒我们还应该读许多非文学作品或者非虚构作品。

如果上美国的亚马逊网站，我们会看到所有图书分为两类：虚构作品和非虚构作品。而中国中学生习惯阅读的课外书，过去大多是文学作品或虚构作品。这些作品，当然是非常需要读的，能帮助我们提升语言与文学修养，帮助我们理解和洞察作者的情感与心灵。通过文学作品，我们同样在加深对人生、社会与世界的理解。

但问题在于，我们许多人往往很晚才开始接触和阅读非虚构作品。这两类作品其实差异是很大的。比如，文学作品可以脱离现实，也不必时时追求严密的逻辑。在金庸作品《天龙八部》中，段誉跌入山洞以后，由于一番奇遇，获得了卓越的武功。如果我们追问，为什么一番奇遇就能增加一个人的功力，答案当然只能是：这就是作者的一种文学设定，因为武侠小说本身就是虚构作品，而不必基于严密的逻辑。作为一名作家，金庸完全可以根据自己的想象来展开创作，可以天马行空，超越现实生活。

但如果是阅读历史书籍与社会科学作品，我们就必须立足于现实，需要遵循严密的逻辑。所以，阅读非文学类图书，无论对于我们的知识，还是对于我们的思维，都是一种更有益的训练。我的主张很明确，从中学到大学，非虚构类作品应该占据学生阅读的较大比重。过去那种认为阅读课外书主要是阅读文学书的观念，应该要尽快扭转过来。

我的第二条建议是，既要阅读通识类书籍，又要阅读专门类书籍。在我看来，阅读是需要层次感的，应当有一个从通识到专门的过程。在古希腊的雅典城邦，博雅教育（liberal arts）即备受重视，这其实就是城邦公民的通识教育。今天，通识教育的价值，不仅在于要帮助我们每个人形成一系列现代世界的公民理念，而且在于要帮助我们理解现代世界的基本运作方式。离开了博雅教育，我们就无从理解公民的道德准则与行为规范、国家的主要角色、经济系统的运作方式、人类历史的起源与演变，以及今天世界的诸种紧要问题与未来可能的方向，等等。

一般来说，这些知识并不能通过文学作品来获得，却可以通过博雅教育或通识教育来获得。实际上，并不是文学，而是像历史、哲学、政治学和经济学等知识才是帮助我们理解世界是如何运转的关键。

自20世纪八九十年代以来，中国出版界已经贡献了许多高质量的通识作品。比如，国内已经翻译出版了两种全球最流行的经济学通识教科书。像哈佛大学经济学系教授格里高利·曼昆的《经济学原理》，像保罗·萨缪尔森的《经济学》，都是在美国和全球广受欢迎的经济学入门读物。[1] 两部作品自

---

[1] 格里高利·曼昆，《经济学原理》（第8版），梁小民、梁砾译，北京：北京大学出版社，2020年；保罗·萨缪尔森、威廉·诺德豪斯，《经济学》（第19版），萧琛译，北京：商务印书馆，2014年。

从出版中译本以来,已经在中国产生了重大的影响。两部作品都能帮助我们理解人类的经济系统是如何运转的。

比如,如果想了解整个人类的历史,有一部流行的《全球通史》是非常好的作品。这部作品的作者是 L.S. 斯塔夫里阿诺斯。[1] 这部作品系统勾勒了人类从古至今的发展历程,揭示了早期国家和古代帝国的起源,讨论了中世纪的变迁,以及讲述了近现代世界的诞生。

又比如,国内近些年引进的英国 DK 出版公司的百科系列,是很有口碑的系列通识作品。这个系列作品数量多,规模大,涵盖了哲学、历史、政治学、经济学、文学等多个领域。英国 DK 出版公司的系列作品,无论中文版还是英文版,都比较容易买到。该系列图书的主要价值,是向读者普及兼顾基础与前沿的可靠知识,从而增进我们对特定学科和整个世界的理解。

再比如,像牛津通识系列也是非常好的通识读物。这个系列的特点是,它们都是很薄的小册子。许多作品的英文原版甚至都不到 100 页,开本尺寸也很小,便于随身携带。在英美的大型书店,我时常看到牛津通识系列占据了一整个小书架。译林出版社已经将这些图书翻译并引进中国,主题涵盖哲学、历史、政治学、经济学、环境问题、前沿科技、人生幸福等各种

---

[1] L.S. 斯塔夫里阿诺斯,《全球通史:从史前到 21 世纪》,王皖强译,刘北成审校,北京:北京大学出版社,2024 年。

主题的内容，是一套极好的通识读物。如果我们能坚持读这种系列通识读物，那么就能获得一种理解自然、人类、社会与世界的完整知识框架。

需要特别提到的是，北京大学出版社推出的《人文社会科学是什么》和《自然科学是什么》丛书，是一套由本土学者原创的大型系列通识作品。比如，葛剑雄教授所著的《历史学是什么》，销量就很大。[1] 我也在北京大学出版社出版了《政治学通识》，目前已经再版19次，该书旨在帮助政治学初学者和关心公共事务的公众把握政治学的基本概念、重大议题与主要理论。[2]

当然，在通识阅读的基础上，我们还需要更专门、更高阶的阅读。比如，如果想了解第一次世界大战的起源，就需要阅读跟第一次世界大战相关的专门研究。又比如，如果想深入了解国际贸易理论，就需要阅读这方面的专门作品。再比如，如果想了解英国议会的历史演变，就需要阅读跟英国议会史有关的专门著作。这些都是专门领域的知识。

所以，我的第二条建议就是需要处理好通识阅读和专门阅读之间的关系。对大部分同学来说，我们首先要在通识教育领域有一个不错的积累，然后可以进行有针对性的专门阅读。通过这样的阅读，我们可以兼顾一般的广博知识和专门

---

[1] 葛剑雄、周筱赟,《历史学是什么》,北京：北京大学出版社,2015年。
[2] 包刚升,《政治学通识》,北京：北京大学出版社，2015年。

的高深知识。

我的第三条建议是要处理好阅读入门书与阅读经典书之间的关系。对于大学生和研究生来说,阅读入门书当然是非常必要的,许多领域都有许多很好的入门书,但仅仅阅读入门书是远远不够的,还需要阅读那些具有持久影响力的学术经典。

以西方政治哲学为例,阅读该领域的学术经典才是真正深入了解这个领域的开始。比如,如果你打开柏拉图的《理想国》,开篇就会读到柏拉图对正义这一经典政治哲学问题的讨论。那么,什么是正义呢?在苏格拉底跟友人的对话中,正义有四种不同的定义,分别是:(1)欠债还钱就是正义;(2)损害敌人、帮助朋友就是正义;(3)强者的利益就是正义;(4)各安其位、各司其职就是正义。[1] 读完这些不同的观点,你认为什么才是正义呢?当我们以这种方式阅读《理想国》时,就是在同柏拉图进行思想对话。

实际上,正义后来成了一个经久不衰的话题。1971年,美国政治哲学家约翰·罗尔斯出版了《正义论》,该书随后迅速走红。[2]《正义论》讨论的依然是正义问题。通过阅读不同时代

---

[1] 柏拉图,《理想国》,郭斌和、张竹明译,北京:商务印书馆,2018年,第1~43页。
[2] 约翰·罗尔斯,《正义论》(修订版),何怀宏、何包钢、廖申白译,北京:中国社会科学出版社,2009年。

的经典，我们还能在古今思想家之间实现一种时空穿梭。这样，我们就介入了人类思想史上最经久不衰的话题。

我这里只是举了一个例子。其实，每个学科都有自己的经典书目，每个学科的主要细分领域也有各自的经典书目。所以，无论你对什么感兴趣，如果能够阅读5部、10部或20部学术经典，那么你的功力一定会大有长进。只要阅读并熟悉一定数量的学术经典，就能让我们的思考和理论水平实现从初阶向高阶的迈进。

许多像我这个年龄的人都很熟悉金庸的武侠小说。我们刚开始读《射雕英雄传》，起初出场的是江南七怪，他们的武功似乎就很高强。然而，直到梅超风出场，有了比较，读者才了解江南七怪的真实段位。当读者以为梅超风的武功段位已经顶尖时，洪七公、黄药师等一流高手才陆续登场。直到最后华山论剑，读者才完整理解《射雕英雄传》中"金庸武学"的全部。读学术经典，就好比一下子进入"华山论剑"的境地。我们不见得能够达到那些顶尖思想家和学者的水平，但通过不断地阅读经典，我们的鉴赏水平和思维能力就会不断提高。

我们不应该读哪些书？

有时，我也会提醒同学们，什么书是不应该读的。实际上，不是所有书都是值得读的。每个人的时间都非常宝贵，而读书可以说是时间的一项重要投资。复旦大学中文系严锋教授曾在微博分享过一篇流传甚广的文字，专门讲什么书不用读，写得很有启发。[1]

关于不读什么书，我这里主要有三点提醒。首先，写得很粗糙的书是不能读的。写得很粗糙的书，就是品质不佳的书。这样的书，非常容易败坏一个人的鉴赏力。每天读粗制滥造的书，犹如每天吃粗制滥造、营养不佳的食品，前者败坏人的心智健康，而后者败坏人的身体健康。

其次，大家在阅读译著时要注意精选译本。一般来说，历史上的外文经典，往往会有不同的中译本。而时髦的新书，由于版权授权的问题，一般来说只有一个译本。总体上，国内几家知名学术出版社所出版的译著，翻译质量相对较高。像商务印书馆、三联书店、译林出版社、"理想国"系列译著等，其翻译质量通常是比较稳定的。如果译本本身质量不佳，既会影响读者的阅读体验，还会影响对文本的准确理解。

有的同学在读译著的过程中跑来问我："包老师，你看从这一句到下一句好像衔接不是很顺畅，我有点看不明白。"如果出现这种情况，十有八九是翻译问题。我通常会跟学生说，如果你读的译著本身是学术经典，而你理解起来又有很大的困

---

[1] 一位复旦中文系教授的"不必读"书单，腾讯网，2021年1月15日，https://news.qq.com/rain/a/20210115A018WM00。

难，通常问题就出在翻译上。解决问题的办法，就是找到原著，查阅原文，再把相应的文字与译本对照，进行逐字逐句的理解，这样，问题就能迎刃而解。

最后，我也不建议阅读那些特别煽情的书，或者满篇都是阴谋论的书。这些图书调动的往往是人的情绪，而不是人的理性。在我看来，高质量的阅读，本身就应该是一种调动理性的智力活动。

有效读书的四条原则

讨论到这里，有人肯定会问：我们究竟该如何读书呢？我这里总结了有效读书的四条原则，希望能对你有所帮助。这四条原则分别是专注、勤快、反思和比较。我认为，读书其实并没有什么捷径。有的时候，"笨办法"反而有可能是达成目标的捷径。我接下来要讲的许多办法看起来都有些笨拙，但只要反复实践这些原则，就能在阅读上有较大的提升。

有一个周末，我正在读《"封建"考论》，这是冯天瑜教授的主要代表作之一。[1] 到了那天晚上，我家里的小朋友跟我说："你怎么这么快就读完这本书了？你好像是今天早晨才开

---

[1] 冯天瑜，《"封建"考论》（修订版），北京：中国社会科学出版社，2010年。

始读的。"确实，我是那天早晨才打开这本新书的，而到了晚上，基本上从头到尾都做了标记。

我的回答其实很简单："这部书的大部分内容，我其实早已了解，书中主要知识我此前都有所涉猎。读这部书，我主要关心作者冯天瑜教授是如何论述'封建'这一问题的。所以，等我读完作者的核心观点和基本框架后，基本上就把握这本书了。"

实际上，这就是我自己读书的一个例子。为什么读书快呢？没有别的原因，就是前期积累多。当我们前期在相关领域已经有丰厚积累时，阅读速度自然会大大提高。所以，我的想法是，阅读上我们要多用"笨办法"，就是老老实实读书，形成扎实丰厚的积累，这样，后面的阅读效率就会越来越高。但是，如果我们一开始没有用"笨办法"，而是浅尝辄止、一知半解，那么这样的做法势必会妨碍阅读能力的真正提升。

那么，我们究竟应该怎么做呢？有效阅读的第一条原则，就是专注。如今干扰阅读的因素实在太多了，特别是智能手机。智能手机，对很多人来说，既是一个极便利的信息终端，又是一个极大的日常干扰源。我常常说，专注读一个小时的书，要比心不在焉、三心二意地读一天书的效果好得多。

所以，当你准备开始读书时，我建议你把手机放到远处或者干脆关掉它。至少一两个小时里，你不要再去看手机。这段时间里，你要全神贯注，全力以赴，聚焦于手中阅读的文本。

不管是读 20 页书，还是读一两个章节，你都要确保这段时间里能把书认真读好。有的人一直无法做到专注阅读，那么他读书的效率就会非常低。

第二条原则，就是勤快。勤快非常重要，读书的一个有效做法就是要多用笔。阅读时用笔，可以进行摘抄、总结、提问、反思等。所有这些活动，都离不开笔。有些朋友习惯用专门的读书笔记本来做笔记，这是一个非常好的习惯。如果书的排版不是很紧密，书页的空白处就可以用来做笔记。同时，有的人还会借助便利贴，使用起来也很方便。读书时，可以把便利贴贴在书页上，把重要的观点或想法写在上面，也非常有效。现在许多比较年轻的朋友更习惯于电子阅读，这非常好，电子阅读同样可以多用笔。像 Pad 结合触屏笔，就可以一边阅读一边做笔记，还能实现阅读笔记的整理和导出，效率非常高。

对于那些学力尚浅、还处于起步阶段的朋友们，比如高中生或大一同学，我特别推荐大家多做摘抄——尤其是当你看到精彩的观点或论述时。比如，我上大学时读卢梭的《社会契约论》，就做了大量的摘抄，书正文部分的第一句话至今还记忆犹新。卢梭说："人是生而自由的，却无往不在枷锁之中。"[1] 这句话不仅思想深邃，而且修辞优美，使用对比的手法揭示了自

---

[1] 卢梭，《社会契约论》，何兆武译，北京：商务印书馆，2003 年，第 4 页。

由与束缚之间的巨大张力。再比如，叔本华曾说过："人生是在痛苦和无聊之间像钟摆一样来回摆动着。"[1]叔本华的意思是，人生的一边是痛苦，另一边是无聊——得不到就痛苦，达成目标就无聊。我高中时读叔本华，然后做了摘抄，如今30年过去了，我还记得叔本华的这个观点。当然，叔本华的这种说法太悲观主义了，但他的这个观点，对许多读者的心灵产生很大的冲击，促使大家去思考自己人生的重大问题。

因此，我主张那些学力尚浅的同学多做摘抄，把你读到的重要观点和精彩论述记录下来。这不仅能帮助你更好地理解这些思想，还能慢慢积累你自己的思想库、资料库和素材库。当然，对于学力很高的同学来说，在摘抄之外，更重要的是能够在阅读的基础上跟作品和作者对话，这就需要对作品有更多的反思。

第三条原则，就是反思。反思，是阅读过程中的一种高级智力活动。我们都知道，"尽信书则不如无书"。如果你读一本书，却过分迷信书中的内容，往往不能达到很好的效果。因此，我们不仅需要阅读，而且需要在阅读过程中进行反思。比如，作者哪里说得对？作者哪里说得不对？我们又该如何理解这个问题？

---

[1] 叔本华，《作为意志和表象的世界》，石冲白译，杨一之校，北京：商务印书馆，1982年，第427页。

反思的基础在于批判性思维。它要求我们不仅要吸收书中的信息和知识，更要对这些信息和知识进行检讨与反省。所以，我们同时需要带着质疑的眼光去阅读。这样的读书方式，就能避免迷信和盲从，进而帮助我们形成自己独立的思考和深刻的见解。

再进一步说，有效阅读的第四条原则，就是比较。世界上存在着许多不同的思想体系和认知框架。当我们面对两种不同的观点时，如何判断哪一种观点更好呢？这个时候，就需要我们对两种不同的观点进行比较。

我是一名政治学者，所以我上课时经常会挑些跟政治学或政治经济学有关的例子。比如，关于政府与市场的关系，有两本研究日本政治经济的书就提供了两种完全不同的观点。一本书是查默斯·约翰逊的《通产省与日本奇迹》。通产省，就是日本的通商产业省，大致相当于中国的国家发改委，是日本政府负责经济管理和产业政策的主要部委。

在该书中，约翰逊认为，通产省对二战后日本经济的起飞起到了至关重要的作用：日本政府通过通产省对经济和产业发展进行了有效的指导、规划和干预，进而为日本经济提供了强有力的支持。正是由于这本书，学术界还兴起了"发展型国家"的概念。这样，你恐怕就会得出如下结论：日本经济成长的一个重要原因，是日本有非常有效的国家干预和产业政策。因此，对于经济发展来说，国家干预和产业政策不仅是必需的，而且是卓有成效的。[1]

但是，如果你同时读了另一本书——迈克尔·波特牵头撰写的《日本还有竞争力吗？》，你就会得到完全不同的结论。波特是哈佛大学商学院教授，因研究企业战略问题而著名。他提出的关于市场结构和战略分析的理论非常有影响，很多咨询公司甚至用他的理论提供咨询服务。他在晚年重点关注国家的竞争力问题，研究所涉及的国家案例包括日本。所以，他后来就出版了这本关于日本政治经济的书。

波特在该书中给我们呈现了一个有趣的相关性研究，分析了日本政府对各个产业的干预程度，并通过日本公司在全球市场的出口份额来衡量这些产业的国际竞争力。按照他的分析框架，如果日本某个产业的出口在全球市场所占的份额较高，就意味着该产业的竞争力较强；反之，则表示竞争力较弱。有趣的是，波特的结论与约翰逊的结论完全相反。波特发现，政府干预较多的行业，日本企业的竞争力反而是较低的；政府干预较少的行业，日本企业的竞争力反而较高。因此，波特认为，尽管日本有许多有竞争力的产业，同时日本在许多领域也都有政府干预，但这些竞争力并非来源于政府的干预，而是来自企

---

[1] 查默斯·约翰逊，《通产省与日本奇迹：产业政策的成长（1925—1975）》，唐吉洪、金毅、许鸿艳译，长春：吉林出版集团有限责任公司，2010年。

业自身的努力及市场机制的作用。相反，日本对经济和产业的许多政府干预都没有达到预期效果。[1]

通过这两个不同观点的比较，我们可以发现，同样是讨论日本经济成长的原因，约翰逊认为政府干预和产业政策至关重要，波特则认为政府干预和产业政策并不可取，政府干预反而削弱了日本在相关产业上的竞争力。那么，你的观点呢？只有通过比较，我们才能更深刻地理解许多重大问题背后的逻辑和机制。通过比较不同的观点，我们才能更全面地认识问题，学会批判性思考，理解"横看成岭侧成峰"的复杂性，进而形成自己的更合乎逻辑的判断。

总之，关于如何有效读书，我建议要做到四条原则或八个字，即专注、勤快、反思、比较。做到这些，我们就能在阅读中实现更快的成长。

关于有效阅读的三个问题

讲到阅读，总有人问我：我们要不要带着问题读书？问题和读书是什么关系？我的观点很明确，我们很多时候确实需要带着问题读书。对许多人来说，读书是一个提出问题、解

---

[1] 迈克尔·波特、竹内广高、榊原鞠子，《日本还有竞争力吗？》，陈小悦等译，北京：中信出版社，2002年。

决问题、再不断提出新问题的过程。许多问题，我们都可以在书中寻求答案。当我们每读一本新的书，就会有更多的问题产生。于是，我们又需要寻找新的书来回答这些新问题。

假设我们开始读《联邦党人文集》，而且读得很认真，那么我们一定会在阅读中产生许多相关的问题。比如，美国建国初期到底面临怎样的政治危机？从1783年美国独立战争结束到1787年美国制宪会议召开之间，美国政治格局究竟是怎样的？这些政治危机是如何起源的？为什么到了1787年就愈演愈烈？当产生这些疑问以后，我们就需要带着这些问题去做更广泛而深入的阅读，必须找更多书籍资料来帮助我们理解美国1783—1787年之间的政治危机。当我们通过阅读和研究，把上面这些问题搞清楚之后，就会发现自己的学术又上了一个台阶。

因此，我总是鼓励同学们在读书时要形成问题意识，再带着问题去读书，通过读书解决问题而后又产生新的问题。事实上，学问的积累正是这样一个不断循环往复的过程。如果你读完一本书，所有问题都已解决，然后你停下脚步，不再思考，那么你的学术积累就到此为止了。

有人问我，如果我们从事政治科学的研究，或实证社会科学的研究，还需不需要读政治思想史或政治哲学类的书籍？其实，这也是一个很常见的问题。我的观点非常明确，政治思想史和政治哲学当然是需要读的。需要说明的是，今天国内外的经济学主流训练已经不把经济思想史作为必修课了，主要原因恐怕在于实证主义、数量分析，乃至正式理论模型已经完全支配了今天经济学的主流研究。所以，学科之间还是存在着不小的差异。

就政治科学研究来说，阅读政治思想史与政治哲学作品至少有两方面的好处。首先，当我们开始学习政治学或社会科学时，需要了解人类过去是如何思考这些基本问题的。只有这样，我们自己的学习和研究才能真正做到"站在巨人的肩膀上"。

比如，关于阶级政治的问题，很多人注意到1848年马克思与恩格斯的《共产党宣言》重点讨论了阶级政治问题。这当然是对的。但如果你阅读亚里士多德的《政治学》，就会发现，早在古代雅典的城邦时期，也就是2000多年前，阶级政治的理论问题早已被提出来了。[1] 我们甚至可以说，亚里士多德对阶级政治的论述还非常深刻。因此，我们在政治思想史或政治哲学领域的积累，非常有助于理解许多重大问题的基本分析框架。

另一个重要原因是，今天很多实证社会科学的重大问题，实际上跟政治哲学和思想史的重大理论议题是密切相关的。比如，关于我们前面提到的正义问题，这既是政治思想史和政治

---

[1] 亚里士多德，《政治学》，吴寿彭译，北京：商务印书馆，2023年，第205~211页。

哲学领域的重大问题，又是当今世界跟再分配、贫富差距、福利政治、税制安排等有关的重大现实问题，而后者大体上是可以进行实证社会科学研究的。

这里需要说明的是，今天社会科学研究走的是以实证研究为主的路径。如果分析现在美国一流大学政治学系或政府系的教授名单，就会发现大约90%以上的学者从事的是实证社会科学研究，只有大约10%或者更少的学者从事的是政治哲学和政治思想史的研究。当然，这并不意味着政治哲学或政治思想史不重要。但显而易见的是，实证社会科学研究是当前全球政治学研究的主流方向。我给学生的一般建议是，这一代年轻人既要掌握政治思想史的经典文献和政治哲学的重要理论，又要学会实证社会科学研究的分析工具和研究方法，需要兼顾两者。

还有人问我，如何恰当地选择阅读图书的顺序？许多朋友说，读书时常有一种"顾此失彼"的感觉，因为我们面对着太多的阅读选择。那么，如何在这些阅读选择中确定优先次序呢？在我看来，可以基于三个标准来决定阅读的顺序。

第一个标准是选择跟自己兴趣吻合的方向。因为世界上的重要问题实在太多，我们每个人不可能什么都懂，什么都关心。比如，经济发展问题是一个重要问题，政治现代化是一个重要问题，和平与战争也是一个重要问题，然而，我们每个人的精力和时间都是有限的。因此，我们需要想清楚自己最感兴趣、最有激情的领域。只有在自己最感兴趣、最有激情的领域，我们才能达到比较高的成就。确如俗语所说，"兴趣是最好的老师"。

第二个标准是选择被普遍认可的经典著作。学术界已经形成了很多共识，几乎每个学科领域都有不少被广泛认可的经典书目。因此，在不确定要读什么之前，可以先关注和研读这些经典作品。

第三个标准是根据自己对未来方向的规划来选择。如果你打算读研究生，那么就需要大致确定你要选择的学科方向和研究领域。如果你已经有了比较明确的方向，那么与该方向相关的作品就比其他作品更重要。比如，如果你选择研究战争与和平的问题，那么你就需要先把对经济发展问题的兴趣放一放，你应该将主要精力集中于前者。

总之，克服阅读书籍选择困难的办法是，一要看个人兴趣，二要选择学界公认的经典，三要注重跟自己发展方向的相关性。

如何通过阅读成为专家？

这一讲要讨论的最后一个话题是：如何通过阅读成为专家？当然，"专家"这个词如今在国内的名声不算太好，甚至已经成为"不靠谱"的代名词了。但其实，专家（expert）就是掌握专门知识（expertise）的人。成为某个领域的专家，仍然是许多年轻人值得期待的目标。如果你想成为专家，系统的阅读就是在某些领域成为专家的重要途径。

我的专业是政治学，所以，我还是以这个领域为例来说明如何通过阅读成为专家。政治学有一个领域叫作西方政治思想史或西方政治哲学史。如果你想成为这个领域的专家，在我看来，通过三个阶段的分级阅读基本就能实现。

第一个阶段是阅读入门书籍。像乔治·萨拜因的《政治学说史》、列奥·施特劳斯的《政治哲学史》等，都是非常重要的入门读物，能够帮助你了解这个领域的基本框架。[1] 通过阅读这些书，你大体就能明了西方政治思想史这个领域的重要议题、主要理论和现有知识框架。

然而，只读这些入门书是远远不够的。如果你想成为专家，你还必须阅读这个领域的经典作品或原典原著。你至少需要阅读10多部、20多部西方政治思想史上公认的经典，比如柏拉图的《理想国》、亚里士多德的《政治学》、马基雅维里的《君主论》、霍布斯的《利维坦》、洛克的《政府论》、卢梭的《社

---

[1] 乔治·萨拜因著，托马斯·索尔森修订，《政治学说史（上下册）》，邓正来译，上海：上海人民出版社，2015年；列奥·施特劳斯、约瑟夫·克罗波西，《政治哲学史》（第三版），李洪润等译，北京：法律出版社，2009年。

会契约论》、汉密尔顿等人的《联邦党人文集》、托克维尔的《论美国的民主》，以及密尔的《论自由》等。

这样，你先是完成入门书籍的阅读，再深入阅读了10多部、20多部从古代到近现代的政治思想史经典，基本上就达到了第二阶段。

但是，这还不够，你还要进行高阶阶段的训练。在第三阶段，你需要梳理相关研究专题的中英文前沿文献，特别是需要跟踪国内外重要学术刊物的最新研究成果，比如关于霍布斯、洛克、《联邦党人文集》的最新前沿研究——只要这些问题是你所关注的领域。国内外学术出版社新近出版的关于西方政治哲学史或思想史的学术专著，你同样需要关注和阅读。通过这种方式，你可以更全面地跟踪该领域的最新动态和研究趋势，就能站在该领域的研究前沿。

这样，通过这三阶段的阅读，我相信，一个年轻人在两三年时间里，就有机会成为西方政治思想或西方政治哲学的一个入门级专家。听到这里，有人可能会说："包老师，如果我们这样做，是不是很辛苦？"这当然很辛苦，但又有什么事情是不辛苦的呢？任何学问都没有捷径。如果你能真正投入两三年时间成为该领域的专家，这将成为你一生的学术财富。不管你未来是否从事学术研究，这种学识积累都会成为你职业生涯中的重要资产。我想，这就是关于如何通过阅读成为专家的一个可操作的指南。

总之，关于如何读书，我想说的三句话是："要读书"，"要读好书"，"好好读书"。我希望今天的大学生、研究生和其他朋友们都能养成阅读的好习惯。读伟大的书，就是跟伟大的头脑交流，就是跟伟大的思想家和学者成为智识上的朋友。

我非常欣慰地看到，这些年许多企业界的朋友越来越重视读书，也越来越重视通过读书来理解企业经营的宏观环境。比如，"清华大学企业家校友会"这些年的年会都会向会员们派发一个包含几部图书的大礼盒。2023年，他们还选择了我签名版的《抵达：一部政治演化史》，作为其中的一部作品。[1] 这么多在实业界、科技界和金融界有着很大影响的清华大学企业家校友依然把读书作为日常修炼的一部分，让我非常感动。这说明，他们许多人已经功成名就，但依然认同读书之于我们每个人的重大价值。

---

[1] 包刚升，《抵达：一部政治演化史》，上海：上海三联书店，2023年。

第二讲
如何有效写作?

> 写作的目的就是让别人见你所见,感你所感,思你所思。
>
> ——查尔斯·R. 史温道尔

这一讲的主题是如何有效写作,或者说如何才能写出好文章,关注的是有效写作的原则和方法。我首先要说明的是,我既不是中文系教授,也不是英文系教授。所以,我这里要谈的写作,更多是从人文社会科学角度出发的写作,而主要不是单纯的文学创作。

这一讲内容的定位也很明确。如果你是大学生或研究生,发现自己在写作上还有许多挑战,希望提高自己的写作能力,那么这一讲就会对你有帮助。如果能够不断实践这里讨论的许多原则,那么你就一定能够提高自己的写作能力。

我们能写出好文章吗?

我们都知道,熟练掌握写作技巧的人其实并不多。我在复旦大学任教,每个学年都会有很多学生要毕业。按照目前中国高校的一般做法,每个同学在毕业季都会提交一篇毕业论文。作为教授,我评审这些论文时,除了论文的学术水平,其实也比较看重论文的写作水平。在我看来,如果一个同学即将从大学的人文社科院系毕业,那么他的写作能力和水平至少应该达到一定的水准。

但据我观察,即便像"北清复交"这样的顶尖高校,熟练掌握写作能力、具有优秀写作水平的同学,估计不超过三分之一。一个合理推断是,普通高校的这一比例应该会更低。

所以,对于今天的绝大部分大学生和研究生来说,写作还是一个具有挑战性的任务。过去,我们的传统教育非常注重书法,古代士人对书法的要求也很高,因为书法在当时是一个知识分子的脸面。但随着计算机时代的到来,书法的功能已经大大弱化。今天,我们除了偶尔需要签名,就很少有机会展示自己的书法了,大规模书写已经被计算机打印技术所取代。然而,今天依然有很多机会需要我们写文章,用文章去表达我们自己的思想和观点。如果说过去书法代表了一个人的脸面,那么今天文章就是一个人的脸面。

一篇文章好不好，其实我们作为读者，是非常清楚的。好文章是非常容易识别的，其共同特征是：主题明确、观点清晰、逻辑严密、文字优美等。一篇文章不够好，它的问题也是相似的。第一类问题是"空洞无物"。一篇文章洋洋洒洒地写了几千字，但实际上要表达的内容和思想非常少。这种情况是非常常见的。第二类问题是"文字干涩"。比如，读了第一段，你就没有兴趣再读第二段；读了第二段，你就不想再看第三段。这种文字干涩的文章，读者是读不下去的。第三类问题是"缺乏条理，逻辑混乱"。这样的文章写得前言不搭后语，上下文缺少紧密的衔接，这也很常见。

所以，判断文章的好坏，我们自己作为读者就是一个很好的尺度。既然你常常一眼就能看出别人的文章好不好，那么其实你也能判断自己的文章好不好。

写作何以重要的两个实例

提到写作，总有人会问，写作能力到底有没有用呢？答案是毋庸置疑的。你一旦大学或研究生院毕业，进入很多机构工作，许多地方都需要你具备写出好文章的技能。尤其是，如果你毕业于一所排名不错的大学，你就读的又是人文社科专业，那么你到一个工作单位以后，同事和上司在这方面往往会对你有比较高的期待。他们期待什么呢？就是希望在交给你一项工作任务以后，你最终能拿出一个分析透彻、文字优美的文本。

如果你毕业后进入大型政府机关工作，写作就是一项必备的技能。如果你进入大型公司工作，里面也会涉及大量的文书工作。如果你去的是律师事务所、大型咨询公司、大型金融分析机构、各类媒体平台等，他们固然看重你的分析能力，但你的分析能力往往最终要靠你的写作能力来呈现。

我这里举两个实际的案例。比如，假设你毕业后去一个大型医院工作，因为医患关系，医院遭遇了一场重大的舆情危机，在这种情况下，医院需要妥善处置这个重大的舆情事件。在处置舆情的过程中，主要任务之一就是如何与公众沟通。此时，如果医院的领导班子将这个重要而紧迫的任务交给你，要求你起草一份文本，来说明过去所发生的事情，以及医院在此事中的立场和态度，那么，这篇文章就变得非常关键。

如果你能把这个重大舆情事件的过程、原因和逻辑讲清楚，能给公众一个合理的解释，又能阐明医院维护患者权益、改善医患关系的立场，那么这篇文章将为医院的公众形象大大加分，可以避免舆情危机的进一步发酵或升级。相反，如果你做不到这一点，医院可能会由于这篇文章的发布，而陷入一场更大的舆情风暴。这样，医院的医患关系舆情危机不仅没有解决，反而还加重了。

在这种紧要关头，一篇好文章的重大价值是显而易见的。

当然，在这样的场合，写文章绝不仅仅是一个文字或文学的表达问题，而是涉及如何从方方面面理解这场舆情危机的本质，并能在此基础上形成一个好的文本。对于这一点，我们后面还会做进一步的讨论。

另一个例子是，我所熟悉的一家顶尖高科技公司，很关注美国白宫和国会通过的涉华高科技政策与法案。原因不难理解，因为这家公司的业务会受到这些政策与法案的直接影响。当美国出现最新政策与法案动向时，这家公司的政策分析团队就需要做出及时评估和反应。一旦美国国会涉华法案的辩论和立法有了最新的重大变化，他们往往就需要做两项工作：第一，快速且准确地解读美国白宫行政命令或国会立法的要点；第二，要对这些行政命令和立法的影响进行及时评估。

对于这样的工作任务，无论前面需要做多少具体研究，最终都要把成果以一篇文字报告的形式呈现出来。公司决策层则在很大程度上把这份研究报告视为下一步决策的参考。这样，政策分析团队能否尽可能用清晰、准确、易读的文字，分析白宫行政命令或是国会立法的要点，以及可能对中国相关高科技公司产生的影响，就是一个重大问题。

上面这两个案例都表明，写文章的能力非常重要。而这里讲的写文章，也绝不仅仅指文学创作或文学表达的问题。

为什么文章常常写不好？

很多人可能会问，为什么现在的许多大学生与研究生——甚至是来自中国985高校的学生——熟练掌握写作能力的人并不多？我认为，导致这种现象的直接原因有三个。

第一个原因就是"读得少"。一个普遍现象是，大家在中学阶段读书数量不够多，而且读书质量可能也不够高。如果你从中学到大学，主要读的书就是一般的教材和教辅，或者再加上学校统一推荐的课外书，那么，这样的阅读量其实是大大不够的。这个时代另一个现实问题是，我们时常面临着在线音视频内容的冲击，互联网和智能手机阅读又常常很碎片化。这就导致许多人很少有时间去专注、深入地阅读那种高质量的文本。

如果一个人很少接触高质量的文本，这本身就会限制他写作能力的高度。写好文章的一个重要前提，就是要读好书，读经典，常常阅读、鉴赏和品味那些文字优美、逻辑性强的文本。我的看法是，一个人的写作能力和水平，很大程度上是他过去所阅读的文本质量的一个函数。如果一个人从小品读经典，欣赏名篇，目力所及都是高质量的文本，那么，经过这样的长期熏陶，他的写作能力自然就会提高。中国古人说："读书破万卷，下笔如有神。"写作不够好的一个首要原因，就是读的好书不够多。

第二个原因就是"写得少"。我们大部分学生的写作训练，尤其是中学阶段，主要集中在语文课的作文上，但仅有语文课的作文训练，其实是不够的。据我观察，单就中学语文课的作文训练本身，还有很多值得检讨和改进的地方。目前，许多中学为了刷到比较高的平均分，常常采用一种套路化、模式化的作文训练，这固然可以帮助许多人在中高考里拿到一个中上等的作文成绩，但这种训练非常不利于学生通过作文来表达真情实感和培养原创性写作能力。

此外，我们的中学生还不习惯在语文以外的学科上进行写作训练。比如，历史学科和社会科学都是很需要写作训练的。假如你在英美国家的中学就读，那么进入中学之后，你就会发现，历史、经济、哲学、社会科学等课程上有大量的写作训练。其中，有的写作训练非常考验一个人的综合学术训练。比如，历史教师可能会布置这样的作业：公元1350年，你需要带领一批随从，把一批数百斤的贵重货物从巴黎运送至君士坦丁堡，请结合当时的政治、军事和地理状况，设计一条路线和交通方式，并论述相应的理由。

看到这样的作业题目，学生需要提交的绝不是一篇以文学表达为主的作文，而是一篇基于政治、军事、历史、地理综合分析的文章（essay）。这篇文章需要充分考虑公元1350年从巴黎到君士坦丁堡沿途政治体的基本状况、宗教分化的情形、可能的军事冲突以及其他的可能风险,然后设计出一条合理的路线。可以想象,这篇文章需要对很多问题进行较深入的分析。类似于这样的分析与写作训练,需要的能力就非常综合。如果历史学科主要考察的是一些简单的论述题,标准答案相对固定,就无法训练比较深入的分析与写作能力。

第三个原因就是"逻辑训练不够"。关于写作中的逻辑问题,当然是比较复杂的,我们的第六讲还会专门讨论逻辑问题。但我这里首先想指出一个中学写作中普遍存在的问题,那就是"摆事实讲道理"的论证方式。在中学阶段,很多学生议论文的标准作文方法大概就是如此,即"摆事实讲道理"。然而,到了大学和研究生阶段,我们就会发现,这样的写作方式存在着重要的缺陷。所谓的"摆事实",其实就是讲一两个具体的案例或故事,它们通常是特殊的。而作者的"讲道理"又是普遍的。问题是,能否通过一两个案例得出一个普遍的道理呢?这就正如你见到的两只天鹅都是白色的,你能得出"天鹅都是白色的"这一普遍结论吗?我想说,这里有不小的逻辑问题。

我们从小到大的语文教育,在写作训练上,对逻辑的重视程度是不够的。我们常常把写作只看成是一种文学训练。实际上,跟文学训练相比,写作更考验的是一个人的逻辑训练。不少同学无法写出真正高质量的好文章,根本问题是逻辑训练的不足,而不是文学训练的不足。

我的一个观察是,我们许多学生在上大学之前只把写作视为文学创作——即便是议论文也普遍被视为文学创作的一种形式,而完全忽视了非虚构类写作的重要性。许多学生在写作时过分追求华丽的辞藻,过分注重自我情绪的表现,过分强调作者的主观感受,而缺少朴实、严密的逻辑分析和理性讨论。

举个例子,我们很多学生写关于爱国的文章,其文本常常犹如一首抒情诗。很多人会用诗一般的语言去表达自己对祖国的热爱。但如果我接下来要问你,既然你在文章中表达了对于祖国的强烈热爱,你能证明自己比一般人或大部分人更爱国吗?面对这个问题,恐怕就不能由基于情感的抒情式文学表达了,而必须要借助理性分析和逻辑论证。

在我看来,我们写作教育的一个突出问题,就是把写作过分理解为文学创作,把语言文字过分视为文学表达的工具。在一个现代社会,语言文字其实更多是信息表达的载体,而不只是情绪表达和文学创作的工具。写作的一个基本目标,是要通过语言文字来准确有效地表达和传递信息。

耶鲁老师眼中中国学生的写作问题

有媒体采访了耶鲁大学的一位写作课老师艾米丽·乌尔里希(Emily Ulrich),她的主要工作是在耶鲁大学写作中心教授学生写作。这位老师接触过美国和来自世界各地的学生,自然也包括不少来自中国的学生。这些年,有许多中国优秀学生有机会进入哈佛、耶鲁、斯坦福等美国顶尖大学就读。应该说，这些学生是中国同时代学生中最优秀的一批。

然而，这位耶鲁写作课老师毫不客气地指出中国学生的许多写作问题。艾米丽说，自己甚至一眼就能判断出一篇文章是中国学生写的，还是美国学生写的。由于她教中国学生写作已经超过两年时间，所以对中国学生的写作风格已相当了解。她的观察是，中国学生写作的特点是非常喜欢使用长句，非常喜欢用复杂的术语来表述简单的思想，更偏爱辞藻华丽和结构复杂的句式与写作风格。

然而，美国学生会认为，这种写作方式往往是一种不必要的干扰，因为过分华丽的辞藻会让读者难以抓住一篇文章的真正思想和核心观点。艾米丽说，她在耶鲁写作中心花了很多时间帮助中国学生学会删减过分华丽的词藻和复杂的表达，而只保留那些最基本、最必要、最清晰的内容。[1]

这让我们看到不同文化对写作有着完全不同的理解，大学师生对"什么是好的写作"有着完全不同的标准。我的一个观察是，中国的中学语文教育更多地把写作视为一种文学表达，辞藻华丽、结构复杂常常被视为一种展示写作技巧的做法，但

---

[1] 耶鲁老师：中国学生的写作套路，恰恰是国外大学最忌讳的！澎湃新闻，2023年5月13日，https://www.thepaper.cn/newsDetail_forward_23068802。

我们其实更需要把写作理解为一个如何通过准确、平实、精练的语言来有效传递信息的过程。

为了准备这份讲稿，我特地访问了美国最著名的5所顶尖大学的网站。这5所大学被很多留学机构概括为"哈耶普斯麻"，即哈佛大学、耶鲁大学、普林斯顿大学、斯坦福大学和麻省理工学院。我分别登录这5所大学的写作中心，对他们如何指导学生写作的相关内容进行查阅。

一个发现是，所有这5所美国著名大学全都设有写作中心，其主要职责就是训练和指导学生写作。这5所大学全部是全美最顶尖的高校，但这些学校依然为学生设立写作中心，来帮助他们提升写作能力。从风格上讲，他们重视的写作并不是我们通常理解的那种文学创作式的写作，而更多是一种信息表达式的写作，更侧重于如何准确、清晰、有效地传达自己的思想和观点。

如今，我很高兴地看到，清华大学从2018年开始，开设了一门针对所有本科生的通识写作课程，名为"写作与沟通"。这说明中国顶尖大学已经开始重视作为通识教育一部分的大学生写作课。

好文章的低阶标准

到底什么是好文章？关于好文章的标准，我并不喜欢附和许多流行的观点。在我看来，好文章应该用简单、平实、准确、清晰、流畅的文字，基于严密的逻辑分析，来表达新颖而深刻的思想和观点。这才是大学生与研究生阶段应该追求的写作标准。如果一篇文章能达到这样的标准，就是好文章。

接下来，我要基于两个层次来跟你讨论好文章的具体标准：低阶标准和高阶标准。对于低阶标准，我用三个成语来概括：第一是"言之有物"，第二是"言之有理"，第三是"言之有据"——这里的"据"指的是证据。

第一个标准是"言之有物"，就是说一篇文章应该有充实的内容。这是最基本的标准。在大学里，不少同学的文章虽然拖拖沓沓写了几千字，但实际上的有效内容非常少，很多都是没有实质意义的套话或空话——这是很常见的现象。

我经常跟同学们讲，你写完一篇两三千字的文章，还要看看里面有多少"水分"。我们可以用"拧毛巾""挤水分"的方法，来认真审视自己的文章。我们有时会发现，许多文章看起来有两三千字，但实际上要表达的真正有效信息有几百字就能说清楚、讲明白，剩下的许多文字都是废话。"言之有物"，要考察的是文章内容是否充实。

第二个标准是"言之有理"。这里的"理"指的是道理或者逻辑。我们提出任何一个观点，背后应该有一套清晰的逻辑。写作训练最重要的内容应该是思维训练和逻辑训练，而文学训练则在其次。很多文章之所以质量不够高，首先是因为逻辑训练不足，而不是文学训练不足。在这个问题上，我们亟需把过去关于写作的思维定势扭转过来。

第三个标准是"言之有据"。这里的"据"指的是证据。好文章的"言之有据"，就是说除了观点和逻辑分析外，还需要有事实来支撑作者的观点。如果我们只有抽象的观点和逻辑分析，却没有具体的事实来支撑，那么这样的文章还是不够好。

当然，什么是证据，什么是好的证据，这也是很复杂的问题。有人说，讲一个故事算不算证据？或者，提供一个历史案例算不算证据？当然是证据，但这样的证据可能还不够。第五讲的主题是如何做研究，我们还会更充分地讨论这个问题。

所以，一篇好文章起码要做到言之有物、言之有理和言之有据。这就是好文章的低阶标准。理解好文章的低阶标准之后，大学一个宿舍或一个小班的同学们可以互相监督，看看每个人在写作时有没有做到言之有物、言之有理、言之有据。如果在大学或研究生阶段能够形成这种互相砥砺的氛围，就能推动我们的写作能力不断进步。

好文章的高阶标准

那么，什么是好文章的三个高阶标准呢？简而言之，第一个标准是，好文章应该是一个深入思考、不断钻研的产物；第二个标准是，好文章应该关注格局和情境，适合特定的目标与使命；第三个标准是，好文章应该是一个人思想磨练和个人成长的见证。如果能按这样的高标准来要求自己、训练自己，那么我们的写作能力就会突飞猛进。

首要的问题是，有些同学在写作上会遇到这样的挑战——"你让我写文章，但我其实没什么好写的。"这个问题非常常见。确实，我们不应该为了写文章而写文章。如果一个人写的文章只是重复已有的观点，而没有提供任何新的想法，那么，为什么还要写这篇文章呢？这样的文章其实就没必要写。

如果你想写出一篇真正有意义的文章，首先要做的，就是对你所关注的问题进行深入的思考和研究，并能形成自己独特的观点。这才是一个人写作的真正起点。相反，如果你本来就没有新的想法，没有新的思考，为什么还要写一篇新的文章呢？在我看来，每一篇文章都应该有它与众不同的独特价值。

如果我们没有在一个问题上进行深入的思考和研究，那是根本不可能写出好文章的。我常常对同学们说，我们不要急于去写文章。我们首先要做的，应该是认真思考、努力钻研，把问题彻底搞清楚。等我们有了这样的基础，思考问题有了相当的深度，写文章就会是一个自然而然的结果。这是好文章的第一个高阶标准。

此外，我们还应该知道，一篇文章不单纯是文章本身，而是需要充分体现你写这篇文章，到底是基于什么样的情境，为了什么样的目标。2021年，我写过一篇散文，谈的是大学人文社科专业的学生该如何学习。后来,这篇文章被数十个微信公众号转发,产生了相当的影响力。2024年9月,复旦大学校长金力院士在新生开学典礼上还引用了我这篇文章的观点。[1] 这篇文章其中的几段文字是这样写的:

> 我鼓励同学多读书,不是要让你们成为书呆子,不是"两耳不闻窗外事,一心只读圣贤书",而是要通过读书,跟许多伟大的头脑交朋友,跟许多伟大的心灵建立沟通管道,形成开阔的视野、开放的头脑和博大的胸襟,习得高深的思维、独立的见解和良好的判断力。
>
> 写文章,不只是锻炼字词文句的修辞。锻炼字词文句的修辞固然重要,但更重要的是,写文章还是一个思维训练的过程,是一个跟读者沟通的过程,是一个有可能形成和磨练自己思想的过程。
>
> 一篇好文章,往往既是内心独特思想的文字投射,又是综合考虑格局、情境、使命、目标等诸种要素的产物。[2]

---

[1] 校长金力在复旦大学2024级开学典礼上的讲话:学会持续创新,复旦大学官网,2024年8月30日,https://news.fudan.edu.cn/2024/0830/c31a142022/page.htm。

[2] 复旦大学教授:给学生更多自由的时间,就是对他们最好的帮助,搜狐网,2021年7月23日,https://www.sohu.com/a/479078653_120271802。

一篇文章所要呈现的，绝不是简单的文学修辞。我上面的观点强调的是，写文章要考虑"格局、情境、使命、目标等诸种要素"。

我们前面曾经举例，假设你在一家大型医院工作，由于医患关系的问题，医院遭遇了一场重大的舆情危机。如果此时医院的领导班子委托你写一篇文章，就最近发生的医患关系舆情事件给公众一个合理的解释，那么你的这篇文章就必须充分考虑当时的格局和情境，以及医院通过这篇文章所要达成的目标。

就此而言，写作这样的文章不仅仅是在锻炼我们的文字技巧，更是在锻炼我们的战略思维。在这样的复杂情境下，我们该如何写好这篇文章呢？它应该能合理地解释过去发生的事情，让医院赢得社会的理解与谅解，最终能让这个严重的舆情危机朝着缓和的方向发展。因此，这篇文章的关键不是文学表达，而是战略思考。

而一旦这篇文章没有写得很好，那么在其发布以后，医院的舆情危机不仅无法缓和，甚至会向一个很坏的方向发展，从一场舆情危机走向一场更严重的舆情危机。由此可见，在这种复杂局面下，如何通过正确的思考，写出一篇能兼顾各方诉求和社会认知，并能达成医院公众沟通目标的文章，就是一个关键问题。所以说，写文章时，要充分考虑一篇文章需要关注的"格局、情境、使命、目标"。这是好文章的第二个高阶标准。

第三点同样非常重要，写作应该是一个人思想成长的见证。如果考察20世纪以来许多顶尖思想家和学者的成长经历，就会发现，那些后来有着重大影响力的思想家和学者，他们自身往往都经历了一个不断学习、不断思考、不断研究，然后逐渐写出经典篇章的过程。所以，他们的共同特点是，把写作看成一个不断锤炼思想的过程。从阅读前人的经典，到通过研究不断提升自己的思想，再到自己写出一流的作品，许多思想家和学者其实都经历了这样的蜕变过程。对这些思想家和学者来说，写作其实是个人成长与思想训练的载体。

我们大多数人也许不会成为思想家或职业学者，但写作训练依然是个人成长与思想训练的重要机会。无论对大学生还是研究生来说，一篇课程论文或一篇学生刊物的完整文章，往往意味着一次对独立思考、观点构建与系统表达的挑战，也是一个组织知识、厘清思路、明确未来方向的过程。这一过程往往促进了我们思想的成型与认知的成熟。这也是我们许多普通年轻人个人思想与个体生命成长的见证。

写作实例：高速公路遭遇暴雪天之后

我们再来看一个写作的实例。临近2024年春节的时候，由于受到暴雪天气影响，加之春节返乡高峰，位于中国长江流域中部省份的高速公路出现了严重的交通拥堵。许多地方的拥堵现象非常严重,交通拥堵时间久、距离长。

这个时候,假设你是当地电视台或大报的记者,到高速公路的交通拥堵现场进行报道。你注意到,附近有些村民拿出了他们家里储存的方便面和其他方便食品,准备了热水壶,到高速公路上为滞留的乘客提供免费的帮助。看到这样的现象,你马上被感动了,于是撰写了一篇报道。这篇报道的主题是:中国司机遭遇暴雪和冻雨等恶劣天气,高速公路交通受阻,但周围居民发扬高尚互助精神,为滞留旅客免费提供食品和热水。

这篇报道发出之后,社会反响非常好,沿途村民的所作所为广受好评,甚至被有关部门视为良好社会风尚的典范。但问题是,这篇报道所带来的真正影响到底是什么?如果我们不只是把这篇报道作为一种文学风格的新闻报道,那就需要更深入地思考这个问题。

如果你第二天再去现场采访,就会发现情况可能已经有所变化。恶劣天气依然延续,高速公路的交通拥堵尚未缓解,但沿途志愿者提供食品的数量并不像第一天那样充足。那么,第二天、第三天仍然被堵在高速公路上的乘客,该如何解决他们的食品问题呢?你可能会发现一些新的情况,沿途附近的村民和小商小贩会采购超市食品,然后自己做了必要加工或准备了开水,到高速公路的拥堵现场售卖方便面和炒饭,一份要价可能是15块、20块,甚至30块不等。

这样，情况就开始起变化。第一天是免费的供给，第二天变成了市场化的供给，甚至食品供给的价格还不低。此时，你作为一名身在现场的记者，又该如何报道这种现象呢？你稍做思考，就会发现，尽管第一天的报道弘扬了人与人的互助精神，但面对高速公路上滞留的大量车辆和乘客，单靠志愿服务的方式无法满足庞大的需求。如果继续深入思考，就会发现，解决这个问题更需要市场化的手段。主要依靠市场化的机制，而不仅仅是志愿服务与免费供给，才能解决高速公路上大量滞留司机和乘客的食品供应问题。这样，你可能就会反思第一天报道的基调。

更复杂的问题还在于，当地村民提供的食品价格可能会高于市场价格。比如，超市里一桶方便面一般卖5块钱，但村民供应的方便面加热水，可能就要卖到15块钱。那么，这算不算乘人之危和坐地起价呢？还是对在严酷天气条件下提供食品供给的一种必要经济补偿？对此，持有不同观点的人们可能会发生激烈的争论。

进一步的问题还在于，许多高速公路路段远离村庄和城镇，村民要想把食品送到这些路段，不仅路途遥远，而且可能需要借助长距离的步行。可以想象，这些拥堵路段的食品价格可能会非常高昂。但这就是一种必要的成本补偿机制，否则较远路段上的司机和乘客就有可能无法获得必要的食品供给。

在这个写作或报道的案例中，尽管第一天的报道从道德和伦理上给人带来了满足感,但那篇报道并没有从系统思考的角度来分析高速公路极端气候与拥堵条件下的食品供给问题。假如暴雪和冻雨仍在继续,高速公路交通无法在短时间内恢复,而司机和乘客的用餐问题又必须解决,你最终会发现,市场化的机制能更有效地保证尽可能多的人及时获得必要的食品和热水供应。

这个实例也告诉我们,文章的写作,绝不仅仅是一个文学问题,而是需要我们对整个事情有通盘的理解,对其中的关键问题进行充分的思考,然后再给出有价值的分析。唯有这样,在面对复杂情况时,我们才有可能写出真正的好文章。

我们该如何训练写作?

既然写作如此重要,写出好文章又不容易,我们应该如何训练写作呢?结合自己的经验,我这里给出三条建议。

第一条建议是跟第一讲的内容有关的。训练写作的前提,是养成阅读的习惯。你多读书,读好书,养成长期阅读的良好习惯,就会对你的写作能力产生极大的帮助。在我看来,世上有两种书很有助于提升写作能力。

第一种是以文字语言见长的书。比如,我在高中阶段就读过一套书,题目叫作《世界散文随笔精品文库》。这其实是一套汇编作品,大体上是以文学方式包装的各国哲学、政治、历史散文名篇。我当时拿到其中几本后，就开始如饥似渴地阅读，并做了大量摘抄和阅读笔记。其中一本是由美国文学专家钱满素教授选编的《我有一个梦想》，它是美国历史上数十位知名人士所撰写的名篇的一个合集，作者包括本杰明·富兰克林、乔治·华盛顿这样的政治家，拉尔夫·瓦尔多·爱默生这样的哲学家，马克·吐温这样的作家，主题涵盖政治、历史、哲学、文学等。[1] 这些名篇，虽然主题各异，但文辞优美，哲思深邃，代表了美国顶尖人物对人生、对社会、对世界的重要洞察和深刻思考，读起来引人入胜。读这样的作品，就能带来极好的语言训练。这套书里还有英国卷、法国卷、日本卷等。这些作品都有着非常高的价值。这些经典名篇对人的熏陶，不仅是思想上的，而且是语言文字上的。

第二种是以逻辑训练见长的书，特别是那些结构优美、论证严密的作品。学术界熟悉的大量人文社科经典作品，都属于这类图书。从2024年2月到2025年2月，我曾经在微信视频号做过为期一年的"周六通识导读直播"节目，所介绍的绝大部分都是结构严谨、论证严密的政治学、经济学和历史学的学术经典作品。为了方便大家观看，我的微信视频号还保留着绝大部分的直播回放，哔哩哔哩网站还有这些通识或经典导读直

---

[1] 钱满素选编，《我有一个梦想》，陆建德等译，北京：中国社会科学出版社，1993年。

播的精修版。而我在该系列节目中介绍的绝大部分作品都会对大学生与研究生的逻辑训练有很大的帮助。

第二条建议是养成写作的习惯。特别是对人文社科专业的大学生和研究生来说,你可以利用各种机会来训练自己的写作能力,比如可以写日记、写周记、写读书笔记、写时事评论、写课堂作业,当然也可以学习写严肃的学术论文。这些写作上的实践和经验积累,都会对一个人的写作能力提升大有帮助。

我曾经跟我指导的博士生们说,自由熟练的写作能力,需要以巨大的文字工作量作为基础。我的看法是,大体需要有50万字的文字工作量作为基础。这里的文字工作量包括三种类型:一是你自己写作的文字量,这个比较容易理解。比如,假如你在一个大学校报社做记者,那么你大概每个月都要撰写大量的文字,这些文字包括新闻报道、采访和评论等。这对一个人的写作能力当然极有帮助。

另一个是你参与编校的文字工作量。比如,你在大学校报做编辑,每周可能要管两个版面,两个版面加起来就是2万字。如果每周都要对2万字的版面进行文字编辑,这样算下来,一个月就会处理8~10万字。如果你长期担任大学校报编辑,而且每周都这样,那么你很快就会经手100万字的文字工作量。

我还注意到一个有趣的现象,就是过去有许多了不起的作家,他们不见得接受过正规的语言文学专业教育——既不是毕业于中文系,又不是毕业于英文系,但他们却能写出许多一流作品，而他们的一个重要经历就是在成为作家之前就处理过大量的文字。像马克·吐温、金庸这样的人，他们最终是如何成为作家的呢？他们其实都有一个重要的工作经历，就是曾经在新闻媒体工作过。马克·吐温和金庸都曾经是报纸的记者与编辑。无论是撰写新闻报道与时事评论，还是从事版面编辑，都需要相关人员经手海量的文字处理工作。正是这些新闻媒体的工作经历，给了他们在文字和写作上的极好训练。

所以，同学们不要轻视自己在大学校报或任何编辑部的工作。不要觉得那只是做一份工，挣些微薄的酬金。你要努力把每篇文章写得精益求精，把每个版面处理到尽善尽美，最终受益的人就是你自己。

此外，我们现在还经常阅读许多英文学术文献。有些老师还会组织翻译学术文献的活动，大家也不要错过这些机会。有些人文社科的学术公众号会定期推荐国外学术刊物的前沿论文，而其中的许多工作都是相关专业的大学生和研究生在做。这也是一种非常好的训练。比如，你读了一篇25页的英文学术论文，在透彻理解这篇论文的基础上，撰写一篇三四千字的论文综述、导读与评论，然后发表在某个学术公众号上。这种训练也非常有益，它不仅是学术训练，而且是写作训练。如果你能很认真地对待每一篇公众号文字，等写到第10篇、第20篇，你的写作功力自然会有很大的长进。

我这里讲的，自由熟练的写作能力需要以50万字的文字工作量为基础，既包括了自己创作的内容，又包括参与编辑或者翻译的内容。如果你有机会经手处理海量的文字，而且能追求精益求精，那么你的写作能力一定会突飞猛进，直至达到自由熟练的写作境地。

有人说，50万字的要求是不是太高了？当然，我这里所说的50万字，只是一个相对数量。但我想，自由熟练的写作能力至少要有20万字的文字工作量作为基础。而一旦获得了自由熟练的写作能力，就是许多人一生的财富。

第三条建议是要掌握正确写作的原则和方法。其实，本讲开头就提到，许多好文章都符合四个标准：一是主题明确，二是观点清晰，三是逻辑严密，四是文字优美。我经常好为人师，提醒现在还在大学就读的大学生和研究生在写作上应该对自己有比较高的要求。如果你从第一篇文章开始，就对自己提出比较高的要求，不浪费写每一篇文章的机会，把每一篇文章都视为提高自己写作能力的一种必要训练——即每篇文章都按照主题明确、观点清晰、逻辑严密、文字优美来要求自己，持续地去训练自己的写作，你的写作能力在短期内就会有很大的提高。

总之，我前面提到的三条建议——养成阅读习惯、养成写作习惯、掌握正确的写作原则与方法——其实是互相关联的。对于今天大一、大二或者研一的同学们来说，你们大体上有两三年时间来进行这种必要的写作训练。我不敢保证，经过这样的训练，你一定能成为顶尖的写作高手，但只要持之以恒，日积月累，你的写作能力一定会大大超过你自己现在的水平。到那个时候，你就会明白，我这里讲的三条建议是可以让人受益终身的。特别是，如果你有一天已经掌握了自由熟练的写作能力，那种畅快淋漓的感觉是不掌握这种能力的人所无法体会的。

既然对从事不同工作的许多朋友来说——无论是在政府机关、大型公司、专业机构，还是像我这样在大学做教授，写作能力都是一种受用终生的技能，那么不如从今天开始，我们就把获得自由熟练的写作能力作为大学或研究生阶段教育的一个重要目标。

如何看待人工智能时代的写作？

讲到这里，有人可能会问，人工智能（AI）——也就是Artificial Intelligence——大规模兴起之后，写作能力还有价值吗？人工智能时代的写作能力会有什么不同呢？自从OpenAI公司2023年推出ChatGPT之后，我也开始频繁地使用这款应用。

起初使用ChatGPT时，我就让它对一篇著名的学术论文进行综述和评论。这篇论文是美国政治学家西摩·马丁·李普塞特在1959年发表的，题目是《民主的社会前提：经济发展与政治合法性》,该文主题是何种社会条件有利于民主？李普塞特在这篇论文中提出了著名的"民主的现代化理论",概言之,一个国家现代化程度或财富水平越高,越有可能成为民主国家。[1]许多政治学或社会科学专业的同学们都知道这篇论文。

我用英文指令给 ChatGPT 安排了这样的工作任务：第一,对这篇论文进行综述；第二,给这篇论文写一个学术评论。结果,它在一分钟内就写出了六七百个英文单词的综述和评论。当时,我还把它的答案分享在了自己的微信朋友圈。我的判断是,在中国高校,这样的读书报告至少能拿到 B+ 或 A- 的成绩。这只是一个小小的案例,说明人工智能的巨大应用潜力。

实际上,人工智能的快速发展,已经对很多事情构成了新的挑战。比如,常规的信息处理型写作,很可能会逐步被人工智能取代。今天中国和美国财经媒体的说法是,每天股市收盘后,人工智能已经可以做更高效和更准确的股市收盘报道和市场分析。既然如此,有人开始担心,未来写作能力是不是不再重要了？

新生事物总会给旧秩序带来重大挑战,这是常态。但在这个具体问题上,我的观点恰恰相反。人工智能的快速发展确实

---

[1] Seymour Martin Lipset, "Some Social Requisites of Democracy: Economic Development and Political Legitimacy," *American Political Science Review*, Vol. 53, No. 1(March 1959), pp.69–105.

会对一般性文字工作构成挑战，许多跟文字有关的低智慧度的岗位可能很快就会被人工智能的应用大规模替代。然而，正是因为如此，我们更加需要提升自己各方面的能力，包括写作能力本身，使其达到人工智能无法企及的程度。

我们亟需在思维训练、逻辑训练方面超越现有人工智能所能达到的高度。既然很多跟文字和信息处理有关的普通工作，会大规模地被人工智能替代，那么，每个人类个体的出路在于通过更高级的专门训练，提升自己在思维、逻辑与写作上的高级能力，使其达到人工智能无法简单替代的程度。这恐怕就是我们在人工智能时代需要有的紧迫感。

第三讲
如何有效演讲?

> 讲话与讲得好是两回事。愚者喋喋不休,智者言之有物。
>
> ——本·琼森

这一讲的主题是如何做好演讲,要讨论的是有效演讲的原则与方法。我要跟你分享什么是好的演讲,如何提高演讲能力,以及如何构思一场演讲。在演讲的操作环节,我会重点讨论"6+3"的演讲技巧,希望能对你有所帮助。

为什么许多人恐惧演讲?

我的工作是研究政治学。如果你了解美国或英国政治,就会发现,许多美国人和英国人都很擅长演讲。在国外的视频网站,我们常常能看到跟演讲有关的新闻,这是两国政治中非常重要的一个方面。正因为如此,许多英美大学也常把演讲作为通识教育的一部分。

然而，由于政治形态和生活方式的不同，中国社会对演讲的重视程度相对较低。在中国，我认识很多非常优秀的学者、企业家、中高级公务员、公司高管、工程师和医生等，虽然他们许多人在各自领域里都取得了很好的成就，但一提到公众演讲，不少人恐怕还是有点发怵。尤其是在那些盛大活动的现场，许多人一站到演讲席上，心里总会有些忐忑不安。

每四年的1月20日，当新当选的美国总统就职时，美国首都华盛顿特区就会举办一场规模盛大的总统就职典礼。这场就职典礼的重头戏，就是新总统的就职演说。这样的演说，当然是既隆重又盛大，甚至具有国家象征意义。我们大部分人经历的演讲并不会有这样隆重和盛大的程度。很多时候，演讲场合是一个一两百人的聚会，一个毕业典礼或者开学典礼，一个公司的年会或者新产品发布会，一个行业会议或学术研讨会，一个经济或技术类的论坛，等等。在这些场合，往往会有领导讲话、代表讲话、专业人士讲话、嘉宾讲话等一系列环节。在这些场合，一场演讲时间或长或短，短则可能只有几分钟，长则会持续一两个小时。

过去，我自己多次受复旦大学通识教育中心的邀请，在复旦大学最大的同时也是设施最好的教室5301做大型学术演讲。顺便说一下，大家可以在哔哩哔哩网站"复旦通识教育"账号看到我过去的这些大型学术演讲。当然，这样的大型学术演讲也是对一个人演讲能力的挑战。

对于今天的大学生和研究生来说,随着他们未来职业生涯的展开,许多人总会遇到一些需要做公开演讲的场合。但问题是,我们能否在这样的场合做好一场演讲呢?据我观察,许多演讲者可能会感到紧张,甚至会担心场面失控。许多演讲者讲完之后,可能并没有多少成就感,觉得这几分钟或半小时并没有讲得很好,或者没有达到预期效果。这应该是非常普遍的。问题的另一面则是,许多听众也经常会有这样的感觉,听了几分钟或半小时演讲,似乎并没有很大的收获,甚至会感到乏味和无趣。如果是这样,演讲就变成一个形式,一个不得不完成的流程而已。

政治模式与演讲重要性的差异

历史地看,演讲的重要性跟社会形态与政治模式是密切相关的。大家会发现,早期公众演讲的兴起与古代民主社会、古代城邦国家、古代共和国有密切的关系。对于古代中国社会来说,公众演讲的重要性通常远不及私人谈话,因此,私人谈话的技巧要比公众演讲的技巧来得重要。然而,在古代城邦国家,公众演讲往往是政治运作的关键环节。

古希腊历史学家修昔底德所著的《伯罗奔尼撒战争史》就记录了大量的公众演讲,该书甚至有四分之一的篇幅记录的是各种各样的公众演讲。当时,在古希腊城邦内部,斯巴达领导的伯罗奔尼撒联盟与雅典领导的提洛联盟之间发生了旷日持久的战争,斯巴达这一寡头政体跟雅典这一民主政体之间形成了政治和军事上的对垒。所以,《伯罗奔尼撒战争史》中有大量的内容,都涉及是否要发动战争、是否要建立联盟、如何有效进行战争等,还涉及不同城邦的外交代表之间的谈判和说服。许多时候,这些活动都涉及一场场的公众演讲。

比如,该书中译本第一卷从第79页开始,就记录了雅典召开的一次重要的公民大会。在这场公民大会上,他们要听取其他城邦代表的意见,然后决定是否要跟他们建立政治联盟。这次大会的背景是什么?主要演讲者是谁?他这场演讲的目的是什么?《伯罗奔尼撒战争史》一书对此均有交代。如果进行文本分析,就会发现这一公众演讲包含了三项关键内容:第一,演讲者分析当时的局势;第二,演讲者阐明不同城邦之间的利害关系;第三,演讲者分析为什么建立联盟或者发动战争是必要的。[1]

在《伯罗奔尼撒战争史》中,类似这样的公众演讲贯穿了全书。在修昔底德的笔下,古希腊政治家的演讲大体上都是文辞优美、逻辑严密且富有雄辩的风格。该书中的许多公众演讲

---

[1] 修昔底德,《伯罗奔尼撒战争史》(详注修订本),徐松岩译注,上海:上海人民出版社,2017年。

还以清晰而深刻的战略分析见长。

著名的伯里克利演说

修昔底德笔下的一个演讲名篇出自当时雅典城邦的一位著名政治家——伯里克利。他是公元前5世纪雅典城邦最重要的政治家之一,也常常被视为雅典民主政治的代表人物。这场著名演讲,是伯里克利为纪念雅典城邦的阵亡将士而发表的。这篇演讲的文本出现在《伯罗奔尼撒战争史》上卷的第193页到202页之间,横跨10个页码,中译本的篇幅达到了6000字左右。

发生战争之后,无论胜败,总会有一些将士永远留在了战场上,他们再也无法活着回到自己的城邦。古代雅典的一个重要传统是,每当这种情况发生,雅典就会举行一个非常盛大的仪式,将运回故国的将士遗骸安葬在一个具有象征意义的墓地里。这一仪式的重要一环,就是会邀请一位有着很高声望和卓越智慧的人物发表公众演讲。

伯里克利这篇演讲是整个雅典城邦最具代表性的演讲之一。在这场演讲中,伯里克利首先谈到要给予阵亡者应得的荣誉——这不仅是对死者的尊重,也是雅典城邦的优良传统。他接着强调,这一传统源自雅典的祖先,正是因为他们的勇敢,才换来了今日的自由。

为什么雅典能够拥有如此独特的政治体制和自由法治的生活呢？伯里克利说：

> 首先要说的是，我们是怎样达到今天这种地位的，我们的帝国日益壮大是在怎样一种政制下实现的，我们的生活方式是怎样促成这个结果的。

伯里克利强调，雅典的自由和勇敢，正是雅典政治体制——即城邦民主制度——所带来的。他认为，这种制度使得每个人都能发挥自己的才能，而不是单纯依赖其社会地位或财富。伯里克利继续描绘雅典城邦的政治特点，他这样说：

> 我们的宪法没有照搬任何毗邻城邦的法律，相反，我们的宪法却成为其他城邦模仿的范例。我们的制度之所以被称为民主制，是因为城邦是由大多数人而不是由极少数人加以管理的。

他还强调，在雅典，所有人在法律面前人人平等，私人的争端也由法律来调解。在公共生活中，担任公职的人，主要依据的是才干，而不是社会阶级或财富。无论贫穷与否，只要一个人有所贡献，他就能在雅典的公共生活中找到自己的位置。伯里克利继续讲道：

> 我们在政治生活中享有自由……我们在私人关系上是宽松自在的，但是作为公民，我们是遵守法律的。对当权者和法律的敬畏使我们如此。

接着，伯里克利对雅典人的勇气提出了更加深刻的分析。他指出，雅典人之所以能屡次在战争中取得胜利，一个重要原因就是他们的自由，而这种自由来自内心的勇敢。伯里克利又说："幸福是自由的成果，而自由是勇敢的成果。"这样的著名语录至今仍被许多人传颂。

他还认为，雅典人是重视公民荣誉、关心公共事务和拥有勇气的典范。他还用简洁而有力的语言描述了雅典人的这种生活方式和态度：

> 我们热爱美的事物但不至于奢侈，热爱智慧但不至于柔弱。我们把财富当作是可以适当利用的东西，而不是当作可以夸耀的东西。真正的耻辱不是贫穷这一事实本身，而是不千方百计地去摆脱贫穷。……我们雅典人和任何其他人不一样，我们认为一个不关心公共事务的人不是一个没有野心的人，而是一个无用之人。

伯里克利进一步强调："我们不是把讨论当作绊脚石，而是把它看作任何明智行动所必不可少的首要前提。"这就反映了

他对公共事务中理性言说的重视。他总结道,雅典人不仅在冒险之前深思熟虑,而且能够在冒险中保持勇敢。他说:

> 其他人的勇敢,是由于他们的无知。……但是,真正勇敢的人无疑应属于那些最清醒地认识人生的灾患和幸福而又勇往直前,在危难面前从不退缩的人。[1]

通过这些话语,大家能够感受到伯里克利演讲的魅力和感染力。他的演讲语言雄辩且富有政治智慧,也展现了古代雅典民主城邦独一无二的政治文化。

古代城邦与现代社会的演讲

古代世界的城邦民主国家与共和国都非常重视公众演说,因为公众演说就是他们讨论公共事务的一般方式。在古罗马,有一位著名的政治家和演说家叫作西塞罗,他著有《国家篇》和《法律篇》等。在《西塞罗全集》中,有两卷作品就是他的

---

[1] 伯里克利的这篇演讲文字,可参见:修昔底德,《伯罗奔尼撒战争史》(详注修订本),徐松岩译注,上海:上海人民出版社,2017年,第193~202页。

演说词汇编，可见演说之于他一生的重要性。[1] 西塞罗的演说以雄辩著称，同时非常机智，具有巨大的感染力。这样的演说风格非常容易打动人，会给听众留下深刻印象。

到了现代世界，我们所知道的著名演说就更多了。比如说，1940年5月13日到6月18日，温斯顿·丘吉尔在英国议会下议院发表了三场著名演说，这些演说代表和宣誓了英国全体民众抵抗德国侵略的坚不可摧的决心和意志，还表达了必胜的信念。在5月13日的演说中，丘吉尔非常雄辩地讲道：

> 你们问：我们的政策是什么？我要说：我们的政策是用上帝赋予我们的全部能力和全部威力在海上、陆地、空中进行战争；向人类罪恶史上最为黑暗、惨绝人寰、穷凶极恶的暴政开战。这就是我们的政策。
>
> 你们问：我们的目标是什么？我只用一个词来回答：胜利。不惜一切代价去争取胜利，无论多么恐惧也要去争取胜利；不论道路多么漫长而艰辛，也要去争取胜利，因为得不到胜利就得不到生存。
>
> 大家都要认识到：没有胜利就没有大英帝国的存在，就没有帝国所代表的一切，就没有人类向目标迈进时所需

---

[1] 西塞罗，《国家篇　法律篇》，沈叔平、苏力译，北京：商务印书馆，1999年。

的时代要求和动力。我满怀希望地担负起我的工作。我确信,人们不会任凭我们的事业遭到失败。此时此刻我有权要求大家的支持。我说:"来吧,让我们众志成城,群策群力,共同前进。"[1]

在6月18日的演讲中,丘吉尔这样说:

> 我不得不在此宣布大英帝国政府的决定——我相信大英帝国各自治领会适时地对此表示赞同。因为我们必须立即表明我们的态度,一天也不能耽搁。尽管我必须发表正式宣言,但是,难道还有谁不知道我们将会采取何种政策吗?
>
> 我们只有一个目标,这个目标始终如一,不可更改,那便是:我们决心消灭希特勒及其纳粹政权。无论什么都不能使我们偏离这一目标。我们绝不妥协,我们绝不与希特勒及其帮凶谈判议和。我们将在地面上、在海上、在空中与之战斗,直到在上帝的帮助下,将他的魔影从地球上消除,将受其奴役的人民从枷锁中解救出来。
>
> 任何坚持同纳粹作战的个人和国家都将得到我们的援助,任何与希特勒同流合污的个人与国家都是我们的敌

---

[1] 温斯顿·S. 丘吉尔,《二战回忆录》(上),康文凯、宋文译,赵文书译校,南京:江苏人民出版社,2021年,第232页。

人……这就是我们的政策,这就是我们的宣言。因此,我们将竭尽全力援助苏俄政府和苏俄人民。我们还将呼吁世界各地的朋友和盟国与我们同心协力,自始至终、坚定不移地战斗到底……[1]

丘吉尔的这些著名演讲,至今仍然是演讲的典范,常为人传颂。

另一篇广为流传的演说,是1963年8月28日由美国人权运动领袖马丁·路德·金在美国首都华盛顿林肯纪念堂前所发表的演讲:《我有一个梦想》。这场演讲堪称20世纪最著名的演讲之一,任何聆听这场演讲的人都能感受到马丁·路德·金的澎湃激情。这篇演讲中最为著名的几个段落是:

> 朋友们,今天我对你们说,在此时此刻,我们虽然遭受种种困难和挫折,我仍然有一个梦想。这个梦想是深深扎根于美国的梦想中的。
>
> 我梦想有一天,这个国家会站立起来,真正实现其信条的真谛:"我们认为这些真理是不言而喻的:人人生而平等。"
>
> 我梦想有一天,在乔治亚的红山上,昔日奴隶的儿子

---

[1] 温斯顿·S. 丘吉尔,《二战回忆录》(上),康文凯、宋文译,赵文书译校,南京:江苏人民出版社,2021年,第440~441页。

将能够和昔日奴隶主的儿子坐在一起,共叙兄弟情谊。

我梦想有一天,甚至连密西西比州这个正义匿迹,压迫成风,如同沙漠般的地方,也将变成自由和正义的绿洲。

我梦想有一天,我的四个孩子将在一个不是以他们的肤色,而是以他们的品格优劣来评价他们的国度里生活。

我今天有一个梦想。

我梦想有一天,亚拉巴马州能够有所转变,尽管该州州长现在仍然满口异议,反对联邦法令,但有朝一日,那里的黑人男孩和女孩将能与白人男孩和女孩情同骨肉,携手并进。

我今天有一个梦想。

我梦想有一天,幽谷上升,高山下降,坎坷曲折之路成坦途,圣光披露,满照人间。

这就是我们的希望。我怀着这种信念回到南方。有了这个信念,我们将能从绝望之岭劈出一块希望之石。有了这个信念,我们将能把这个国家刺耳的争吵声,改变成为一支洋溢手足之情的优美交响曲。

有了这个信念,我们将能一起工作,一起祈祷,一起斗争,一起坐牢,一起维护自由;因为我们知道,终有一天,我们是会自由的。[1]

---

[1] 钱满素选编,《我有一个梦想》,陆建德等译,北京:中国社会科学出版社,1993年,第333页。

今天在视频网站上依然能看到马丁·路德·金当年演讲的场景。如果我们当年就在演讲现场，也一定会深受感染。

尽管伯里克利、温斯顿·丘吉尔、马丁·路德·金是横跨古今的政治人物，但他们都是一流的演说家。他们的演讲融理性与激情于一身，以道义为旗帜，以历史为凭依，以修辞为武器，激发人们的信念与希望。当然，他们的这种演说风格，也是他们身为政治家或社会活动家的身份所决定的。

到底什么是好的演讲？四大误区

当然，中国社会的情境，无论是跟古代雅典城邦或是古代罗马共和国，还是跟今天的西方社会相比，都有很大的不同。不过，演讲的重要性仍然是不容忽视的。比如，当今天的大学生和研究生毕业离校，在各自领域做出一定的成就时，就很有可能被邀请到一些专业领域的会议上发言或者做主题演讲。我在北京、上海、深圳、杭州等地都接触过许多来自各行各业的朋友们，他们可能是学者教授、企业家、管理者、工程师和各行各业的专业人士等，他们都有可能被邀请到行业协会或大型论坛做演讲嘉宾。

如果今天的年轻学生未来有机会成为某个领域的专家或者很具代表性的人士，那么，这样的演讲机会就会很多。所以，现在还在大学就读的同学们就可以做好准备。因为你只有在公众演讲上成为一个训练有素的人，未来才更有可能做一场成功的公众演讲。有句话说得好——我们没有第二次机会去给别人留下良好的第一印象。特别是，在某些盛大的场合，比如几百人的会议场合，你的一次公众演讲，可能是你唯一一次接触大部分在场听众的机会。自然，我们应该把握好这样的机会。

问题是，到底什么是好的演讲呢？在我看来，中国社会普遍存在着对演讲的误解。第一个误区是，许多人把演讲的文学形式看得比内容还重要。讨论写作时，我曾经提到过这样的误区，即有些人习惯于用华丽的词藻来写作。这在我看来并非一件好事情。类似的，有些演讲者对词藻华丽、对文学形式的重视，要远远超过对演讲内容的重视。比如，有些演讲变成了成语的串讲，有些演讲变成了名人名言的串讲，有些演讲则变成了网络流行段子的串讲。所有这些，在演讲现场效果似乎并不错。但等这场演讲结束以后，大家不见得记得你到底讲过什么。在这种演讲风格之下，演讲的核心内容反而退居次要地位。

第二个误区是没有重点，或者至少是重点不够突出。有些演讲者习惯于面面俱到，这就会给人以一种这场演讲是拼凑起来的印象。比如，如果你演讲中要提到所有相关人员的名字，要顾及所有的方方面面——虽然从礼仪和人际关系的角度来说，这样的做法符合中国社会的某种惯例，但从演讲本身来说，这种做法就会导致没有重点。如果在有限的时间里，你需要照顾太多的方面，最后重点就消失了，你最终就不会给听众留下什么印象。

第三个误区是演讲者"目中无人"。这是一个很普遍、很突出的问题。"目中无人"这个说法,其实是说,演讲者心中没有听众。事实上,演讲是演讲者与听众之间的一种互动,它不是演讲者单纯的自我表演。演讲要有价值,必须要能激发听众的共情,产生共鸣。

比如,如果你是一位医学专家,有人邀请你做一场演讲,但如果是去不同的场合,面对不同的听众,你需要采用完全不同的演讲策略。如果你面对的是同行的学术年会,那你最适合讲的主题就是最新的学术前沿趋势和你自己的最新研究成果。因为这是同行所关心的问题,也给你一个在同行面前正式介绍自己的研究进展的机会。如果你被邀请参加一个面向大众的医学讲座,作为医学专家,你最好先放下那些复杂的学术研究,多讲些关于疾病、健康、营养的科普知识,包括最新医学进展对大众健康的影响。这正是一般大众所欢迎的,加上你是医学专家,这样的演讲就很有说服力,是很具科普价值的演讲。如果是金融投资界的朋友邀请你做演讲,作为医学专家,你的演讲主题则更需要关注医学研究和技术进展的关系,医学如何跟技术与产业趋势——包括 AI——相结合的问题。

所以,即便你到哪里都是医学专家,但面对不同的听众,你演讲的内容必须要有所区别。这就做到了"目中有人",而不是"目中无人"。否则,你的演讲也许在一个场合很受欢迎,但在另一个场合却会遭到冷遇。不要"目中无人",就是说演讲者应该多照顾观众的需求,多站在观众的角度思考问题。

第四个误区在中国尤其常见,那就是"官样文章"。许多演讲都是按照一个固定的套路来进行的。比如,我曾经多次听到类似的开头——"金秋十月,丹桂飘香,我们相聚在美丽的西子湖畔。"这种开头,第一次听觉得还是挺有情调的,但反复听到,就会觉得过于普通,甚至由于不断被重复而显得非常平庸。我们在演讲中要避免这种过分落入俗套的表达。

在人工智能技术日益盛行的今天,有人会借助人工智能生成演讲稿。这种做法本身是一种有效率的做法,特别是在演讲者向人工智能提供明确要点的情况下。但是,由此带来的问题则是,如果你真的按照人工智能生成的文本来演讲,高水平的听众可能一下子会听出一股浓烈的人工智能味道。这就会变成另一种人工智能版的"官样文章"。这样的文本通常也很难真正打动人。

公众演讲是一种契约

关于演讲,我有一个很明确的理念,那就是公众演讲是一种契约。简而言之,作为演讲者,你需要提供价值。为什么呢?原因很简单,因为听众的时间是非常宝贵的。假设现场有200名听众,每个人花30分钟来听你演讲,那就是6000分钟,也就是 100 个小时。如果现场有 500 名听众，你做一个小时演讲，那总共就是 500 个小时。这其实是一个极高的时间成本。如果演讲者在这段时间里没有提供有价值的内容，没有提供新思想、新资讯，那么就破坏了演讲者和公众之间的契约。而演讲者讲得好，在思想上有价值，在资讯上有营养，就是尊重这一契约。

基于这种理念——演讲是一种契约，接下来我就要跟你讨论，究竟什么是好的演讲。在我看来，好的演讲离不开四条原则。第一条原则，就是要发挥主讲人的优势和专长。我这样说的理由，其实非常简单。为什么主办方邀请你而不是邀请别人在这样的场合做演讲呢？主要原因恐怕还在于你的优势和专长符合主办方的需要。比如，现在有一个人工智能论坛，邀请我去做演讲，我大体上是不敢去的，因为我不是人工智能领域的专家。即便邀请我讲人工智能与政治，恐怕我也得掂量一下这场演讲所需要的人工智能含量。一场成功的演讲，一定是跟主讲人的背景、专长、履历、成就和贡献密切相关的。既然如此，一个好的演讲首先就要发挥主讲人的优势和专长。

第二条原则，就是要以听众或观众为中心。有人曾这样说："成功的演讲有三个要素：第一是听众，第二是听众，第三还是听众。"这个观点就是强调听众的极端重要性。上文已经提到，演讲其实是一种演讲者与听众之间的契约。在一场公众演讲中，听众其实付出了不小的时间成本。如果你讲的东西不符合他们的需求，他们凭什么要花时间来听你演讲呢？所以，演讲应该以观众或听众为中心，这是显而易见的。既然如此，一场成功演讲的前提就是要对听众进行分析——他们是谁？他们关心什么？他们为什么要来听你的演讲？我在上面举过一个例子，如果你是一个医学专家，当你面对水平接近的业内同行、面对需要医学科普知识的公众、面对金融投资界的专业人士时，你的演讲主题需要做不同的设计。这种做法就是以听众为中心。

第三个原则，简单地说就是内容为王。这意味着，演讲者在演讲时应该提供充实、新颖、前沿且具有原创性的内容。许多听众还期待从一场演讲中获得独到的洞察和深邃的智慧。关于演讲，如果只能问一个问题，我会联想到过去一则著名的电视机广告——"为顾客创造价值"，所以，问题就变成了：你这场演讲要为听众创造何种价值？如果你的演讲没有为听众创造什么价值，那么，无论词藻如何华丽、现场气氛如何热烈，它都不是一个成功的演讲。如果你要为听众创造价值，就得问一问自己：这场演讲有没有提供新的思想、新的发现、新的数据、新的事实，或者新的认知视角？如果这些都没有，那么对听众来说，这场演讲的价值就是值得怀疑的。唯有内容为王，才能为听众创造价值。

第四条原则，就是要善用修辞的力量。当然，需要说明的是，我一直认为修辞是辅助性的，内容才是第一位的。一场好的演讲,始终应该是内容为王,修辞为辅。如果放弃内容而主要追求修辞,那就是舍本逐末。内容是演讲中的"道",修辞是演讲中的"术"。"道"是指你到底传递什么价值,"术"是指你用什么方式传递价值。

即便如此,如果你在一场演讲中,做到了语言流畅,文字优美,借助了高超的修辞技巧,就一定会增色不少。比如,柏拉图这样的大思想家也非常懂得善用修辞的力量。在《理想国》第七卷,柏拉图讲了一个著名的寓言故事,后世称之为"洞穴寓言",它是西方哲学史上最具象征意义的哲理故事之一。[1] 寓言描绘了一群自出生起就被锁链束缚、面朝洞穴内壁的囚徒,他们只能看到身后火光另一侧的物体投射在洞穴内壁上的影子,而把这些影子当作真实。直到有一天,一位囚徒挣脱束缚,走出洞穴,在双眼经历了强烈阳光的刺痛后逐渐看到了真实世界。这时,他才意识到洞穴中的影子只是虚幻的表象,走出洞穴才能看到真实世界的样子。如果此时,他选择返回洞中,并唤醒其他人,那他往往容易被嘲笑,甚至被敌视。因为这意味着他要打破所有洞穴中的人们所熟悉的旧世界。在柏拉图的这个寓言中,洞穴象征着感性世界与无知,阳光象征着理性世界与真理,而一个人走出洞穴的过程,则是一个从无知走向有知、

---

[1] 柏拉图,《理想国》,郭斌和、张竹明译,北京:商务印书馆,2018年,第275~280页。

从蒙昧状态走向教育启蒙的过程。

今天,柏拉图这个著名的"洞穴寓言"还在各个场合中被反复演绎。哲学家们从哲学角度来理解"洞穴寓言",教育家们从教育的角度来理解"洞穴寓言",许多 EMBA 课程则用它来作为训练领导力的素材。"洞穴寓言"之所以广为流传,是因为柏拉图把极深邃的哲学思考与极高明的修辞术结合在一起。

总之,一个好的演讲应该发挥主讲人的优势和专长,要以听众为中心,内容为王,修辞为辅,兼顾演讲的"道"和"术"。

如何造就卓越的演讲能力?

明确了什么是演讲的误区以及什么是好的演讲之后,随之而来的问题是:如何提高我们的演讲水平呢?或者,如何造就卓越的演讲能力呢?我认为首先要有一个理念,那就是演讲能力与技巧不是天生的,而是后天训练的结果。很多人不知道的是,美国前总统乔·拜登小时候有口吃的毛病,而且比较严重。在美国要想成为一个政治家,口吃会是一个极大的障碍。因为美国政治的基本特点是,政治家要通过公众演讲来争取选民手中的选票。年轻的拜登通过艰苦的训练,后来终于克服了口吃的毛病。在 30 岁出头的时候,他就成功当选为特拉华州的美国联邦参议员,从此开启了他的政治生涯。可见,通过有效的后天训练，一个人甚至能克服严重口吃这样的生理性问题。所以，通过有效的后天训练来提高演讲能力，更应该是一件顺理成章的事情。

关于如何提高演讲能力，我在这里跟你分享四条建议。首先，我们要力争成为某个领域的专业人士，也就是要努力成为专家。这是我们未来能够通过公众演讲给其他人传递价值的基础。如果你不是医学专家，不是有着丰富的临床经验，不拥有前沿的科研成果，你怎么可能会被邀请作为主讲嘉宾，在重要医学学术会议上做演讲呢？所以，成为专家是迈向成功演讲的第一步。

当然，需要说明的是，这里的成为专家是广义的。你不必非得是医学专家、政治学教授或顶尖计算机工程师，你擅长人寿保险的销售，你是保险销售的专家；你擅长管理和运营奶茶店，你是奶茶行业的专家；你是电动汽车智能制造工厂的车间主任，你是智能制造的专家。当你成为专家以后，你身上的知识、资讯和技艺，对其他人往往就具有较高的价值。这是成功演讲的前提。就此而言，"你是谁"比"你讲什么"更重要。

第二，我们要向伟大的演讲者学习。像我这代人上大学的时候，那是1990年代中后期，互联网革命才刚刚开始，网络上的音频和视频资源更是有限。今天，这种情况已经有了很大变化。从学习演讲的角度来说，国内外的视频网站到处都是政治家、企业家、科学家和思想家的各种演讲视频。这对今天的大学生和研究生来说，几乎是一个用之不竭的资源。

如果你真的想提高自己的演讲能力，你可以反复观看那些你认为的最佳演讲，然后可以一步步研究和拆解其中的内容。比如，你观看一个英国政治家的演讲，一个美国企业家的演讲，或者一个中国技术领袖的演讲，然后都可以进行一步步的拆解：这场演讲的主旨是什么？听众是谁？演讲是怎么开场的？主要讲哪些内容？演讲如何收尾？演讲者的强项和风格是什么？当然，你可以再分析，这场演讲还有哪些缺陷与不足？通过这样的见招拆招，你就能够更好地向伟大的演讲者学习。

贝拉克·奥巴马是这些年的美国总统中演讲能力非常出众的一位。他做美国总统时，我时常能在国内外的视频网站上看到他的演讲。有一天，我注意到他前后两天就有两场风格完全不同的演讲。一场演讲发生在美国的一个制造业社区，来的听众多数都是本地的普通居民。当面对大众时，奥巴马的演讲普遍使用简短的句子，语言呈现干净利落的风格，时而夹杂着引人发笑的幽默。在整场演讲中，观众们则表现得情绪高昂，时常有热烈的掌声和笑声。这是奥巴马面向公众时的演讲风格。

但是，另一场演讲则发生在美国白宫。那天，奥巴马在白宫召集几十个州的州长讨论美国联邦教育资金的分配情况。在这场演讲中，他面对的是美国的数十位州长。整个演讲过程，既没有笑声，又没有热烈的掌声。奥巴马向各州州长主要传达的信息是，跟美国教育相关的各种关键数据，联邦政府希望各州执行或推进的教育项目,以及联邦政府能够为各州在这些预算项目上提供怎样的支持。整场演讲显得非常理性和平实,是一种分析性的演讲风格,主要内容则是表达观点、阐明政策、提供数据和明确诉求。通过对比这两场风格完全不同的演讲,我们可以看出,奥巴马确实是一位了不起的演讲高手。他时刻懂得准确分析听众的需求,并根据听众的偏好来调整自己的演讲策略。

第三,寻求适合自我风格的演讲技巧。好的演讲,既可以是标准化的,又可以是个性化的,但我更强调演讲者自身不同的风格和个性。这就好比不同电影演员的风格和个性是完全不同的。陈道明和王宝强都是演技高超的演员,但他们两人的风格完全不同。如果你是陈道明,大概无法像王宝强一般演戏;如果你是王宝强,大概也不可能像陈道明那样演戏。因为陈道明是陈道明,王宝强是王宝强,他们都是独一无二的,且无法互相替代。就演讲来说,我们每个人其实都可以找到适合自己的演讲风格。善用自己的优势,发掘适合自己的演讲风格,这是走向成功演讲的另一重要法门。

最后,第四条建议是——练习、练习、再练习。没有演讲家是天生的,要想提高演讲能力,唯有依靠不断的练习。许多成功的演讲者并非在其起步阶段就能做到口若悬河、妙语连珠,这些本领都是在不断的实战中磨练而成的。有的人经历了数十次甚至上百次的演讲,通过反复尝试和不断改进,他们才逐渐掌握了内容的精巧构思、演讲的节奏感、语言的表达技巧以及跟听众的有效互动。而演讲者的每一次练习，都是对表达能力、临场反应能力和心理素质的锤炼。对于有些起初恐惧在众人面前开口的人来说，反复练习更是克服紧张、建立自信的关键途径。正如成功的道路没有捷径，成为演讲高手的道路也没有捷径。理解演讲的原则与方法，然后在此基础上不断地练习、练习、再练习，就能成为打动人心的演讲者。

如何设计一场演讲？六个通用原则

讨论到这里，有人会接着问，我们又该如何构思和设计一场演讲呢？在我看来，构思和设计一场演讲有6个比较基础的技巧和3个比较高级的技巧。如果你能掌握这9个技巧，就会大大提高一场演讲的成功率。

第一，我认为非常重要的是，任何演讲都必须先进行主题分析，主题分析的核心是什么？内容、内容、还是内容。内容，就是你在这场演讲中到底要提供什么。从"道"的层次来说，只有你在演讲涉及的主题上有着深厚的学养、丰富的阅历乃至不小的成就，才能为听众提供真正的价值。如果你没有这样的基础和前提，要想在一个自己并不专长的领域做一场好的演讲，让别人有较大的收获，那自然是做不到的。

所以，一场成功的演讲，首先要进行主题分析，而主题分析的核心是内容。你是否能在内容上提供新的价值和贡献，又取决于你本身在这个领域的积累和成就。当然，如果你是在校的大学生与研究生，听到我讲到这里，你也不必着急，因为任何领域的积累和成就都是需要时间的。

第二，另一个非常重要的技巧，是要进行观众分析。这一点，我前面其实已经提及。进行观众分析，就是要问：他们是谁？他们想听什么？他们关心什么？什么对他们有价值？一场好的演讲，既是以演讲者为中心的，又是以演讲现场的"顾客"为中心的。这里的"顾客"，就是演讲现场的几十位、数百位、乃至更多的听众。听众，就是演讲者的"顾客"。所以，准备演讲之前，进行听众分析是必需的。尤其要想清楚，到底什么样的演讲对这场演讲的听众有较大的价值。当你面对业内同行、社会公众或者金融投资界的听众时，你的演讲内容肯定是不一样的，因为他们关心完全不同的问题。

第三个重要技巧，是要进行内容设计。内容设计，就是要精心设计整场演讲的内容和要点，甚至包括设计开头和结尾，以便达到较好的整体效果。其中，特别需要注意的是整场演讲的开头部分、主体部分和结尾部分的管理。一场成功的演讲，离不开从头到尾的精细管理过程。

一场成功的演讲，需要从一个引人入胜的开头开始。事实上，从你走上演讲席的那一刻起，你就要开始管理听众的注意力。开场的第一分钟，往往决定了听众是否愿意继续听下去。

在这个智能手机和即时通讯盛行的时代，观众的注意力是很容易被分散的。因此，今天的演讲，比以往任何时候都更需要一个能迅速抓住人心的开头。

这方面有许多值得借鉴的成功做法。比如，美国前总统贝拉克·奥巴马在演讲时常用个人故事作为开场，他曾在一场演讲中讲述自己在芝加哥做社区工作者的经历，立刻拉近了与现场普通听众的距离。再比如，苹果公司创始人史蒂夫·乔布斯2005年在斯坦福大学的毕业典礼上演讲时，开头一句"今天，我想给大家讲三个故事"，简洁却极具吸引力，让听众产生强烈好奇。还有公众演讲家西蒙·斯涅克（Simon Sinek）在TED演讲中，一开始就提出一个发人深省的问题："为什么有些领导能够激励他人，而有些却不能？"这种设问式开场能够迅速激发观众的思考，让他们很快就融入演讲者所设计的情境之中。

此外，演讲者还可以利用幽默、引用、数据冲击或情境重现等方式，一开场就在短时间内吸引观众的注意力。比如，有的演讲者会引用一个并不常见但震撼人心的观点，或者展示一张令人意外的数据图表，这都能迅速凝聚全场观众的注意力。总之，演讲者需要精心设计这一部分，为整场演讲赢得一个好的起点。

接着，演讲的主体部分应该由"环环相扣"的三个要点或五个要点构成。无论你要讲多少内容，演讲的一个基本原则是，应该用一种环环相扣的方式来组织你想要讲的内容，来连接你想要表述的要点。这部分的内容设计,既要考虑如何给听众提供价值,又要考虑如何管理听众的注意力。

此外,成功的演讲还需要一个意味深长的结尾。有一种观点认为,一场好的演讲,主要在于有一个好的开头和一个好的结尾——因为听众只记得开头和结尾。当然,这是一个过分夸张的说法,但确实包含了部分真理,因为好的开头和结尾都会给听众留下极其深刻的印象。

总之,内容设计的原则是,开头应该是引人入胜的,主体部分的内容和要点应该是环环相扣的,结尾部分则应该是意味深长的。

在内容设计上,一个特别值得提醒的地方是,整个过程其实都需要对听众的注意力进行管理。智能手机时代的听众时刻都面临着海量资讯的诱惑。未来,如果人工智能眼镜能够普及,演讲者就更不知道身在会场的听众实际上都在做什么了。没有人能保证现场的听众一直能把注意力集中在演讲者身上,这不是他们的义务。演讲者需要学会的是,如何让自己的演讲成为全场注意力的中心,这就需要对整场演讲的内容进行精心的设计。

第四个非常重要的技巧,是管理现场互动。这不仅仅是指问答环节的应对,而是指从你踏上讲台的第一分钟起,就要开始与现场观众建立有效的互动。良好的互动能够拉近你与听众的心理距离,激发他们的专注力与参与感,让演讲真正"活"

起来。在演讲现场,目光管理是最基础但也最关键的一种互动方式。你的目光不仅是在"看"观众,更是在"连接"他们。当你与观众进行眼神交流时,不仅能传达自信与诚意,也能即时捕捉观众的反应,从而调整演讲的节奏感。需要提醒的是,不要只盯着一个方向或一个人,而应尽可能平均地扫视全场,让每位听众都感觉到你在与他们交流。

此外,情绪感知与管理也非常重要。一个优秀的演讲者应该能够把握现场的观众情绪,觉察到听众是否感兴趣、是否困倦或分心,并通过语速、语调、肢体语言或内容调整来回应这些变化。比如,如果你感觉观众有些走神,可以适当插入一个有趣的小故事,或者抛出一个他们普遍关心的问题,来重新激发他们的兴趣点和注意力。这都是常用的演讲技巧,但最好有较充分的准备。

当然,在演讲的最后,演讲者还需要对问答环节的现场互动进行管理。理解这场演讲可能还存在的不足,预判听众可能的问题,关注听众普遍关心的问题,并进行有针对的准备,往往可以让你在问答互动环节有更出色的表现。

第五个重要技巧,是善用PPT和其他素材,包括音频和视频材料。许多演讲者的常见错误是,他们准备的PPT演示文件字号太小,内容太多,文字密密麻麻,不仅有可能缺乏重点,而且使得距离较远的观众完全看不清楚。所以,PPT演示文件呈现的内容应该简洁明了,以要点为主,而非事无巨细都放在

PPT中。比如，在大型演讲或授课中，我使用的每张PPT，标题字号一般是44号，正文字号一般是32号。我的经验是，只要PPT正文字体小于28号，不是每页内容太多，就是会使观众看不清楚。"得到"创始人罗振宇的跨年演讲，常常一张PPT只放一行字，加上现场的巨幅屏幕，就给现场观众以强烈的视觉冲击力，可以说相当震撼。当然，这是跨年演讲的特殊方式。

我在某些大型授课或演讲中也会使用相关的视频材料。比如，我讲授族群政治和族群冲突时，时常会播放一部奥斯卡获奖影片《卢旺达饭店》的片段。因为这部影片的背景，正是1990年代初卢旺达所发生的惨绝人寰的种族屠杀和种族清洗事件。当然，由于时间有限，我一般只会截取几分钟的片段，但这种电影视频往往能给现场观众留下极其深刻的印象，一下子让族群冲突与种族清洗从一个停留在书本上的理论问题，变成了一个让观众有充分现场代入感的紧迫而现实的问题。这种对视频材料的运用，有非常好的现场效果。

第六个关键技巧，是时间管理。许多演讲者的一个巨大挑战就是时间管理。在许多学术会议上，每位报告人一般有15分钟左右的发言时间，但我见过不少演讲者到第10分钟时还没有切入真正要讲的主体内容。这就是时间管理出了很大的问题。无论主办方给我们10分钟、30分钟、60分钟，还是120分钟，我们都需要进行有效的时间管理。

一般来说，演讲者不应该挑战会议或论坛设定的时间规则。假使一个人资历很深、地位尊崇，当他的演讲时间大大超出预定时间，即便有的主持人不好意思打断，但这显然就破坏了会议或论坛的规则，也挤占了其他演讲者或其他议程的时间。这就是一种很不恰当的做法。所以，我们应该有的一个基本理念是，要按预定时间来安排我们的演讲。

这里的重点是，无论主办方给你多少时间，你的演讲所需要传达的核心观点和内容应该占据演讲时段的主体部分。对于时间紧凑的演讲来说，非核心部分的内容应该大大压缩，这样才能做到主次分明地在预定时间内完成演讲。

如何设计一场演讲？三个高阶技巧

接下来，我还要分享关于如何构思和设计一场演讲的三个高阶技巧。第一个高阶技巧是"讲好故事"。很多时候，听众常常是被演讲中的一个好故事打动的。以科学家和社会科学家面向较多非专业听众的演讲为例，我们不难发现，很多出色的科学家和社会科学家所擅长的是理论和数据。所以，支撑一场演讲的核心内容也应该是理论和数据，这也是许多学术演讲的关键。但假如演讲不只是面向业内专家，而是要面向许多非专业的听众，此时，单纯的理论和数据对他们来说往往过于抽象，甚至由于技术门槛较高而根本无法听懂。

这时，好的演讲者就需要通过一些生动有趣而容易理解的故事作为引导。一个令人惊异的自然现象，一种令人炫目的技术突破，一场许多人感同身受的金融危机，一次非洲部落的实地调研，一次中国西部历史地理战略要地的自驾考察……如果能以这种讲故事的风格导入，往往能让演讲变得更加生动、有趣和易懂。其实，有很多学术畅销书，开篇往往都是从一个故事讲起。这也是一种类似的叙事技巧。

当然，不只是开头需要讲好故事，整个演讲过程中讲好故事都很重要。问题是，当你准备讲故事时，你要选择怎样的故事？你想要在什么环节插入这些故事？你要以何种方式来讲述这些故事？讲故事过程中，如何管理时间长度？——演讲中的故事不应该很拖沓，要让故事的内容很快就抓住听众的注意力。

第二个高阶技巧是讲究修辞。在公众演讲中，修辞不仅是语言的装饰，更是打动人心、强化观点、唤起情感的有力工具。善用修辞，可以让演讲更具感染力和说服力，使听众留下深刻印象。比如，排比是一种常用而有效的修辞手法，它通过重复结构相似的句式，增强语势，形成节奏感。上文提到的1963年马丁·路德·金的演讲《我有一个梦想》，其中就反复使用"我有一个梦想（I have a dream）……"这一句式，既强化了主题，又营造出强烈的道德共鸣。

再比如，设问也是一个引导思考的好方法。通过提出问题，演讲者可以调动听众的注意力，引发内心的响应。美国前总统约翰·肯尼迪在1961年就职演说中这样说："不要问你的国家能为你做什么，而要问你能为你的国家做什么。"

又比如，运用对比可以通过展示两个极端，突出演讲者想强调的立场。"我们不是要制造分裂，而是要寻求团结。""我不是民主党人的总统，不是共和党人的总统，我是全美国人的总统。"——这样的对比句式，常用于政治演讲中，传达清晰而明确的价值主张。

当然，需要提醒的是，千万不要让修辞成为华丽辞藻的无意义堆砌或者空洞的修饰，而是要让好的修辞成为增强演讲的逻辑性、说服力与传播力的有效工具。

第三个高阶技巧是"成为你自己"。英语中常用的表达"be yourself"，翻译成中文就是"做你自己"或"成为你自己"。这条原则同样适用于公众演讲。这意味着，你在公众演讲中不必刻意模仿别人，而是要发挥自己的优势，坚持自己的风格，做你自己感到舒服和擅长的事情。

实际上，成功的演讲是风格各异的。有些成功的演讲非常雄辩，有些非常深刻，还有些则很能打动人心，引发共鸣。我们甚至还会发现，有些成功的演讲者中文普通话或者英文发音不见得很标准，讲话甚至不是特别流利，但他们最终的演讲效果是极具感染力的，甚至是相当震撼的。这意味着每个演讲者都是不一样的，甚至都是独一无二的。既然每个演讲者都有自己独特的模式、风格与长处，而且成功的演讲是不拘一格的，我们就更不必刻意模仿他人，而是完全可以创造符合自己个性的独特演讲风格。

所以，我这里要提醒的是，成功的演讲还需要讲好故事，善用修辞，以及最重要的是——成为你自己。

第四讲
如何自我管理？

> 知人者智，自知者明。胜人者有力，自胜者强。
>
> ——老子

这一讲的主题是自我管理，我要跟你讨论的是自我管理的原则和方法。自我管理到底是一个什么样的问题？如何进行有效的自我管理？这是大学生和研究生应该关心的重要问题。当然，我相信，许多早熟的高中生、初中生的家长以及刚刚离开大学校园、步入社会的年轻朋友，也会从这一讲中受益。

自我管理到底是个什么问题？

我们首先需要明确的是，自我管理到底是一个什么样的问题？一般来说，这个问题跟每个人的人生目标密切相关。问题是，究竟如何理解人生和人生目标呢？人们的想法是千差万别的。

据我观察，社会上有两种关于人生问题的主流看法。有些人把人生主要视为一个谋生存的问题，即如何在社会上谋生存；有些人则更多把人生视为一个要实现某种理想、目标、使命的问题。当然，这两种看法是对人生完全不同的理解，他们对自我管理的理解自然也不一样。

我的看法是，对绝大部分人来说，如果生活在一个比较正常的社会，谋生应该不是一个大问题。当然，这不意味着绝大部分人不需要面对不同程度的生存压力。实际上，不仅现在的大学生和研究生有生存压力，许多在职场上已经取得相当成就的人士也有生存压力，甚至他们的生存压力还很大。让大部分人过一种有压力的生活，或许是维持人类社会运转的基本法则之一。

比如，一个管理500亿私募基金的CEO，面对股市大幅波动和客户选择离场，他没有生存压力吗？这种情况下，他肯定是有很大压力的——尽管他已经是一个金融界的成功人士，甚至是著名的投资管理人。再比如，拿在美国硅谷工作、毕业于名校的计算机工程师来说，普遍都拿着很高的薪水和价值不菲的股票分享计划，但如果考虑到硅谷相比于美国其他普通城市的超高房价和高物价，他们中的许多人也会认为生活是不容易的。又比如，你能想象，一个大型企业的董事长或总经理，每天早晨一起床，就要面对数万名员工的巨额薪水和规模庞大的企业固定开支吗？我想，除了少数特定行业旱涝保收的企业，这些企业家面对的压力之大，恐怕是普通人很难想象的。因此，在我们真实的世界里，各行各业、不同职业阶段的男男女女，大体上都会面临各种各样的生存压力。这大概就是人类社会的一般状态。

但即便如此，在我看来，人生总还要有些理想的。在理想主义者的眼中，人生绝不仅仅是生存问题。理想是一种超越当下的追求，为自我赋予不同的人生意义与方向。没有理想的人生，容易陷入被动、短视与重复；有了理想，人生就有了高远的意义，即便在困境中也不放弃，反而更能激发改变和行动的力量。苏格拉底曾说："未经反省的人生是不值得过的。"我始终相信，真正值得过的人生，绝不只是努力谋得生存，更是听从理想的召唤。正如网络流行语所说："梦想还是要有的，万一实现了呢？"

所以，在我看来，大学生和研究生的自我管理，其出发点不应该仅仅是为了谋得生存，而是怎样实现理想。当然，退一步说，无论是生存哲学意义上的人生观，还是理想主义意义上的人生观，我们都会面临如何管理自我的问题。

然而，中国的大学生和研究生普遍不太重视自我管理问题。这是我长期在大学教书、生活的一个体会。尽管许多年轻人都很优秀，但跟英美国家相比，中国的大学生和研究生自我意识的觉醒往往是比较晚的。从文化上说，这或许是由于中国社会更注重共性、更注重集体，而相对忽视个性、忽视个人。

这容易导致个体的自我意识发展被集体规范压制。

从教育理念上说，我们的学校教育往往更关注要求学生完成哪些规定的任务和动作。学校常常从统一要求的角度问，学生应该做什么或者不应该做什么。但是，很少有人去问一个个不同的学生：你自己想做什么？你希望自己成为怎样的人？整个教育评估体系往往很重视学校要求学生完成的"规定动作"，却很少鼓励学生去追求自己期望的"自选动作"。

我们得承认，绝大部分人都是在这样的社会与教育氛围中长大的。所以，从小到大，我们一直被学校的要求和父母的要求推动着，而很少问自己：我要拿这短暂的一生来做些什么？我与众不同的人生目标又是什么？正是由于这些原因，中国学生自我意识的觉醒通常都比较晚。由于自我意识觉醒的迟缓，我们就更不容易形成一种主动的自我管理意识。

统一管理的难题与个体路径的差异

从一个人成长的外部条件来看，无论是中学、大学还是研究生阶段，学校通常都会对学生提出一系列明确的要求和任务。这种制度安排是与学校作为一个大型组织的管理特性有关的。想象一下，一所综合性大学的在校生规模动辄数万人，每年仅本科生的招生规模就从两三千人到数千上万人不等。在如此庞大的体量下，学校面临的管理压力是巨大的。为了实现有效管理，许多高校都倾向于采用标准化的管理模式，对学生各方面的评估往往也以量化指标为主。

这样的做法当然是可以理解的。毕竟，每所大学在管理上都必须依赖于一个行政官僚系统。为了确保管理的可操作性，学校需要依赖一整套标准化、可测量、易执行的管理手段。然而，当大学或研究生院以这种方式来引导学生的发展、统一学生的评价时，就容易引发一个问题，即忽视不同学生之间的个体差异。同学甲和同学乙，或许成长背景完全不同，高考成绩的组合、学科优势、个人品性也各不相同。这些背景差异意味着，每位学生的发展路径、学习风格和成长节奏应该具有某种独特性。但是，大学的管理体系通常只能强调一致性、标准化与可量化。这就无法很好地回应每位学生个性化的成长需求。

自我意识的晚熟，加上大学一刀切的管理模式，使得许多人在进入大学或研究生院之后，都会遇到目标感缺失的问题。当然，依然有许多同学很重视学校的考试成绩，但这不代表这样的同学就很有目标感。有不少同学已经完成本科学业并开始进入继续攻读研究生的阶段，但这也不代表他们就有明确的目标——有时，这种选择不过是一种追求更高学历的惯性。

这里更深层次的问题在于：进入大学或研究生院之后，一个人是否对自己的长期人生方向和职业梦想有过较为深入的思考？据我观察，多数同学都没有认真思考过这样的大问题：我到底想成为什么样的人？我希望未来能过怎样的生活？我又如何定义人生的意义和目标?我对于自己仅此一次的生命是否有一个长期的打算?

有人说,你讲的问题可能太理想化了。跟这些理想比起来,我们所有人其实都要面对一个更加现实的问题——即便我们心中有理想、有目标,问题是我们是否具备实现它所需要的条件与资源呢?由于每个人的知识结构、能力基础、优势劣势、经济条件与家庭环境不尽相同,即便我们有目标,真的就能达成目标吗?所以,不仅许多大学生和研究生目标感缺失,而且许多人都会这样问——即便我们有目标感,但真的有达成目标所需的条件吗?

我有大量的时间生活在大学校园里,因此,也见识过各种各样的实际情形。比如,有大学生会反复问自己:"我已经考上了大学,接下来该怎么办呢?是国内读研,还是出国深造,或是直接工作呢?"类似这样的自我拷问,是大学生活中非常普遍的现象。

我还见过另一种典型的情形。有些同学在本科阶段非常努力,成绩优异,顺利获得了保研资格。他们读硕士期间,成绩依然优秀,顺势又被保送读博。就这样,他们"理所当然"地成为了博士研究生,开始学习一个学科的高级课程,投身专业研究,撰写博士论文,最终顺利毕业。然而,其中不少人真正走上学术岗位,开始承担教学与科研任务时,才突然意识到,其实自己并不热衷于学术研究,起初也没有想过要成为职业学者。

可以说,这些同学是阴差阳错,才走上了学术研究道路,但他们走到这一步时才发现,这样的职业生涯或许并不适合自己,或者至少不是自己最想要的。一个职业错配的主要症状是,他们对科研工作缺乏兴趣与激情,而将其视为不得不做的苦差事,也就是谋生的手段。

那么,为什么会出现这种情况?因为他们从上大学开始,从未认真思考过"我想成为什么样的人"的问题。所以,这些貌似逻辑清晰、不断进阶的路径,背后却隐藏着一种深刻的误导性。而根源仍然在于,他们从未深刻地思考过自己真正想要的是什么。

是否应该填满大学生的时间?

我在中国大学观察到的另一个现象是,许多大学和学院倾向于将学生的时间安排得满满当当。我曾与从事学生工作的老师就此进行过交流。有的老师跟我坦言,如果不把学生的时间安排得比较紧凑,学生很可能会浪费许多时间,虚度大学光阴。正因为如此,不少学校和学院采取的策略就是尽可能多地为学生安排课程与活动。我甚至还发现,在不少大学管理者中,这种观念根深蒂固。

然而,我了解过一种完全不同的教育理念。比如,一位获

得英国剑桥大学博士学位的朋友回忆道,在他们攻读研究生阶段的第一堂课上,有位剑桥大学的教授对他们说:

> 我们每个学年的授课时间并不长,大概只有不到一半的时间需要你们留在学校。其余的时间则完全由你们自己支配。
>
> 你们都是来自全世界最聪明的学生。我们作为教师,最大的担心就是占用了你们宝贵的时间。因此,我们不希望将你们的时间安排得满满当当,而只是占用部分必要的时间。其余时间,我更希望你们能按照自己的想法去学习,去研究,去旅行考察,去探索你们自己感兴趣的广阔世界。

可见,剑桥大学这样的世界顶尖学府对于学生的时间分配和时间管理有着完全不同的理解,对于学校统一管理和学生自主发展两者的关系也有着完全不同的理念。这跟国内许多大学的理念和做法形成了鲜明的对比。那么,到底哪种理念和做法更有利于学生的长期发展和个人成长呢?这确实是一个值得我们深思的问题。

所以,这一讲的重点不是大学生是否应该选择读研,是否应该选择出国,或者究竟应该选择去哪些机构工作这样的技术性问题,而转向一个更根本的问题,即我们究竟该如何更有效地度过大学或研究生阶段的时光?或者说,我们在大学与研究生阶段应该如何进行自我管理?

成就卓越的是个性而非共性

如果稍加梳理一下,大家就会发现,所有取得重大成就的人都有着强调自我、凸显个性的显著特征。

像苹果公司创始人史蒂夫·乔布斯,2007年率先推出第一代iPhone智能手机,难道是谁要求他去做的吗?并不是,是乔布斯自己想这样做。

像今天的美国企业家埃隆·马斯克——尽管他在特朗普第二任期的政治作为充满争议——正在进行太空探索,难道是谁要求他去做的吗?并不是,是马斯克自己想这样做。

像马云创立阿里巴巴,难道是谁要求他去做的吗?并不是,是马云自己想这样做。

像张一鸣创立字节跳动,难道是谁要求他去做的吗?并不是,是张一鸣自己想这样做。

对所有这些顶尖企业家来说,没有任何其他人要他们去创新这项技术或创造这个产品,而完全是他们自己决定要去做这件事情。他们所全力以赴从事的事情,既非来自父母、老师、政府部门的要求或指示,亦非来自大股东或投资人的要求。所有这些创新或创造的首要驱动力,都是这些企业家与众不同的禀赋、才华和个性。最终成就伟大事业的,正是他们特立独行的自我和与众不同的个性。

学术界其实也有类似的现象。20世纪80年代到90年代初,中国关于市场经济的争论还很激烈。一个非常有趣的问题是,在中国过去计划经济体制的大背景下,从主流政治经济教科书到官方正式文件都没有主张市场经济的前提下,为什么极少数经济学家会首先阐述市场经济理论,并呼吁建立市场经济体制呢?原因当然有很多,但无论如何,都离不开这些经济学家与众不同的思想、认知、决心与勇气。

20世纪最伟大的物理学家阿尔伯特·爱因斯坦曾经是瑞士伯尔尼专利局的一个技术专家,然而,爱因斯坦当时主要的精力和时间却花在了最前沿的物理学研究上。当他是专利局的技术专家时,谁又会让爱因斯坦去研究前沿的物理学问题呢?当然,不是任何别的什么人,是爱因斯坦自己要研究最前沿的物理学问题,是他自己要探索人类未知的知识边疆。

好奇心与想象力驱动的人生

回头想想,即便是我上面所举的例子,在所有这些人迈向人生巅峰的路途上,无论是企业界的人物,还是学术界的人物,他们又有谁没有生存压力呢?实际上,他们可能都面临着不同程度的生存压力,甚至巨大的生存压力。但是,他们人生选择的主要方面，不是由生存压力主导的，更多是由好奇心和想象力所驱动的。

实际上，世界上许多重大的进步，无论在科学、技术、学术和产业哪个领域，都是由一个个新鲜的想法推动的。真正推动世界的，首先是非常了不起的少数人，非常了不起的少数头脑。这些人和头脑对未来充满了好奇心和想象力，并且充分发挥了自己的创造力，然后创造出许多非同凡响的新事物。正是这许许多多的创新，逐渐塑造了这个千变万化、不断进步的现代世界。

因此，对每个人来说，好奇心、想象力和创造力，都是他们非常珍贵的资源。对一个社会和国家来说，其实也是如此。每个人的好奇心，就是这个国家的好奇心；每个人的想象力，就是这个国家的想象力；每个人的创造力，就是这个国家的创造力。

一个国家之所以能够成为有竞争力的、乃至伟大的国家，不是由于空洞的口号，或是抽象的民族叙事，而是由于这个国家中至少有相当比例的人，拥有强烈的好奇心、想象力和创造力。而好奇心、想象力与创造力，本来就是人性当中与生俱来的品质。一个优质的教育系统和社会系统的特点，不是在年轻人成长的过程中扼杀或泯灭他们的好奇心、想象力和创造力，而是鼓励和助推他们的好奇心、想象力和创造力。对一个国家来说，要有相当一部分人保持强烈的好奇心、想象力和创造力，这往往是国家力量的真正源泉。

所以，这一讲的基调是，如果仅仅从谋生存的角度来讨论自我管理，我认为，目标还是低了些。既然每个人都面临着不同程度的生存压力，既然绝大部分人在一个基本正常的社会里谋得生存不是一件困难的事情，我们为什么不将更多的注意力、时间和精力，聚焦于生活中更理想的一面呢？假如以实现理想为目标，大学生和研究生应该如何进行有效的自我管理呢？

德鲁克：把正确的事情做正确

关于自我管理，有一位著名的管理学家对此做过许多重要的论述，他就是彼得·德鲁克。德鲁克1909年出生在奥地利，后来在美国成长为一位对现代管理学有重要影响的思想家和学者，甚至有人称他为"现代管理学之父"，2005年去世。德鲁克一生有三个主要身份：首先，他是一位作家，一生写了39本书；其次，他是一位管理学教授；再次，他还是一位为许多世界级大公司CEO和总经理提供过咨询服务的管理顾问。

当别的管理学家主要关注管理他人和管理组织之时，德鲁克很早就开始关注管理自我的问题。他一生中有两部作品关注的就是如何管理自我。第一部作品是出版于半个世纪之前的

《卓有成效的管理者》。[1] 实际上，在这部书中，他的问题意识是如何造就卓有成效的管理者。在他看来，这首先是一个自我管理的问题。既然对管理者来说，如何变得卓有成效是一个重要问题，那么对大学生和研究生来说，如何让自己的校园生活变得卓有成效也是一个重要问题。

第二部作品则发表在1999年，是德鲁克在《哈佛商业评论》上发表的一篇长文，题目就是《管理自我》（Managing Oneself）。[2] 显然，这篇文章的要义同样是该如何管理自我。他的这两部作品，主旨相似，侧重点有所不同，但对我们理解在大学和研究生阶段如何管理自我，都有着重大的价值。接下来，我将以《卓有成效的管理者》为主，兼顾《管理自我》，来跟你讨论德鲁克关于自我管理的原则与方法。

在《卓有成效的管理者》的开头部分，德鲁克就提到，大部分管理者并不是卓有成效的。他首先提醒我们的是，到底什么是卓有成效？到底什么是绩效？很多管理者重视的是努力工作，但努力工作就意味着卓有成效吗？德鲁克认为，努力工作并不等于绩效。许多管理者还非常重视个人才华，这本身不是

---

[1] 彼得·德鲁克，《卓有成效的管理者》，刘澜译，北京：机械工业出版社，2023年。

[2] Peter F. Drucker, "Managing Oneself," *Harvard Business Review*, Vol. 77, No. 2(1999), pp. 64~74.

问题，但才华就等于绩效吗？答案也是否定的。如果一个人有才华却无成果，那么至少对组织来说，他的才华就是无用的。进一步说，许多人每天都忙忙碌碌，但忙碌是否等于绩效？当然不是。德鲁克反复提醒管理者：我们努力做事，才华横溢，忙忙碌碌，但这些最终都有可能无法带来真正的绩效或成果。

那么，管理者如何才能做到卓有成效呢？德鲁克主张衡量卓有成效的一条主要原则，就是要把正确的事情做正确——这是两个含义：一是做正确的事情（get the right things done），二是把事情做正确（do things right）。很多管理学课程都是教人如何把事情做正确，但更重要的是，管理者要做正确的事情。如果没有选择做正确的事情，那么，即便做事的效率（efficiency）再高，也不会达成真正的效果（effectiveness），而只能在错误的道路上越走越远。

尽管德鲁克讨论这些问题时，主要是基于管理者的组织情境，但在我看来，这些原则其实同样适用于今天的大学，适用于大学生和研究生。这相当于德鲁克在提醒每一位大学管理者、每一位大学生和研究生，既要"做正确的事情"，又要"把事情做正确"，这样才能达成真正的绩效。由此引发的思考是，对每一所大学、对每一个同学来说，到底什么才是正确的事情？

卓有成效的五种习惯

除了"把正确的事情做正确",德鲁克还强调卓有成效的管理者的五种实践或五种习惯,分别是时间管理、重视贡献、用人所长、要事优先和有效决策。正是这五种实践成就了卓有成效的管理者。其实,德鲁克这里所说的五种实践,大部分都跟自我管理有关,所以,这些原则和做法不仅适用于组织中的管理者,同样适用于作为个体的大学生和研究生。

时间管理,对今天职场上的朋友们来说,是一个深入人心的概念。在德鲁克看来,要想让管理者变得卓有成效,第一个习惯就是时间管理。对大学生和研究生来说,时间管理同样是一个需要关注的问题。我经常对身边的同学们说,管理人生,其实就是管理时间。如果不管理好时间,也就无法管理好人生。其实,时间管理的问题是共通的。

对所有人来说,时间是最平等的资源,即时间面前人人平等。无论是国王还是平民,无论是富有还是贫穷,每个人一天都是 24 小时,一年都是 365 天。相比于人与人的能力差距、认知差距、权力差距和财富差距,每个人生命时间的相对差距反而没有那么大。有些不幸的人四五十岁英年早逝,而有福的人则可以健健康康活到八九十岁。即便如此,人与人之间这方面的差距并没有那么大。

关键在于，有的人能在有限的时间里创造极高的成果。这是为什么？一个主要原因恐怕还在于，有的人能够进行更有效的时间管理。那么，如何有效管理时间呢？德鲁克的建议是，我们应该记录自己的时间，合理管理自己的时间，然后留出大块的时间来处理重要的事情。

他提醒大家，许多人没有学会区分紧急与重要，大部分时候都被各种各样紧急但未必重要的事情推着走，结果反而忽视了那些真正重要的事情。许多人做事的方式是很低效的，原因也在于时间管理没有做好。一个重要的任务，今天做一个小时，明天做两个小时，后天再做一个小时，结果往往就是推进缓慢，甚至很长时间都无法完成。但是，同一个重要任务，一个人如果不受打扰地用连续两天时间来集中精力做，那么他也许很快就能完成。这就是德鲁克所说的，重要的事情往往要集中大块时间来做。

那么，作为大学生和研究生，又该如何管理好自己的时间呢？我想，德鲁克的教益同样有用。如何把自己尽可能多的时间花在真正有生产率（productivity）的事情上？如何记录和评估目前的时间利用效率？如何防止智能手机的屏幕使用时间过多？如何避免把大量宝贵的时间花在没有多少价值的活动上？如何尽可能让每一天都能帮助自己成长？这是大学生和研究生应该思考的问题。我还想重复自己的一个观点：管理人生，其实就是管理时间。

对大学生和研究生来说，除了这些原则，一个非常实用的建议是：我们可以试着记录未来一周的时间。我们每天上午、下午、晚上分别做了什么？主要的时间都花在了哪里？达成了哪些目标？哪些时间段是较有生产率的？哪些时间段主要是浪费了时间？这样经过一周，我们大体就能较为客观地评估自己的时间利用效率。在此基础上，我们就能进一步思考：怎样做才能改进我们的时间管理？

第二个习惯是重视贡献。我们前面已经提及，大部分管理者每天努力工作，忙忙碌碌，但努力工作和忙忙碌碌本身并不等于绩效，并不等于成果，也不等于贡献。按照德鲁克的观点，无论对于市场部门还是公共部门，一个个组织中的许多事情，即便我们做得很好，也未必能带来真正的绩效、成果与贡献。德鲁克更看重的是贡献，而非只是做事本身。在一个组织中，管理者应该经常问自己："我能贡献什么？"管理者应该关注自己所做的事情是否真的有价值，而判断标准则在于是否真正有助于组织目标的达成。

那么，对于大学生和研究生来说，如何做到"重视贡献"或者"关注成果"呢？据我观察，许多年轻人在他们的学生时代往往过分重视才华，却较少关注贡献或成果。我们读大学的时候，要赞美一个人，最常说的就是"才华横溢"。但许多人的"才华横溢"最终也没有变成有重大价值的成果。就此而言，大学生和研究生也应该向卓有成效的管理者学习，应该有成果导向的思维。当然，我想强调的是，这里的成果应该是长期成果。

在大学的日常生活中，我们都在参加各种课程、完成功课、参与活动、组织比赛等，其实应该拷问自己：这一切是否真的在推动我们的知识、能力与德行的成长？当我们花时间去做这些事情时，究竟只是在"完成任务"，还是真的在导向某种成果与贡献？这是我们常常需要反思的事情。

第三个习惯是用人所长。德鲁克认为，管理者需要善于发现并利用自己的长处，同时也要注重发挥上司和下属的长处。他的这个原则其实也适用于今天在大学读书的同学们，每个人都需要关注：我们的长处是什么？我们该如何发挥自己的长处？这是让自己变得更加卓有成效的关键。

人人都有许多弱点，这是普遍现象。比如，如果有人同时这样问你：足球踢得好不好？钢琴演奏水平高不高？书法写得好不好？计算机编程水平高不高？英语讲得好不好？除了极少数特例，绝大部分人在面对这些问题时，一般不敢说自己擅长所有的事情。原因很简单，每个人都有自己的强项和弱项。在德鲁克看来，一个人要想变得卓有成效，首先要找到自己的长处，知道自己擅长什么与不擅长什么。而只有在自己真正擅长的领域，一个人才能比别人做得好，才能变得卓有成效。

那么，如何知道自己的长处呢？这是一个很复杂的问题。正如古希腊德尔斐神庙上那句著名的话——"认识你自己"。

其实，这并不容易。据我观察，一个人对于自己长处的认知，往往是通过不断的实践摸索出来的。如果你做某件事比别人更轻松，更容易取得成果，那就说明你在这一领域具备相当的长处。对于今天的大学生和研究生来说，自己究竟擅长什么和不擅长什么，自己究竟在哪些领域最具常人所不具有的优势，往往要用几年时间才能回答好这些问题。

对今天的大学生和研究生来说，较为实用的建议是，首先要有长处意识，懂得自己有优势的地方才是取得成就的关键，而不是平均用力；其次是要努力发现自己的长处，并把自己的发展方向跟自己的长处结合起来；再次是要通过持续的学习、磨练与实践，不断提升和强化自己的长处，使自己的长处真正做到出类拔萃。

第四个习惯是要事优先。德鲁克认为，管理者做事要有轻重缓急，要懂得优先顺序。要事优先，跟上文讨论的时间管理密切相关，但其侧重点有所不同。他提醒我们的是，许多人常常忙于处理那些紧急但不重要的事情，而忽略了那些真正重要的事情。

我的观察是，在大学里，总有许多事情会牵着大学生和研究生的鼻子走。比如，某任课老师希望你明天交作业，学院会务组又要求你周末两天参加会议筹办，某社团要你今天交活动计划书，某个重要纪念日的全校歌咏大会还有节目等你去排练，这许许多多的事情总会把你的时间都占满了。

但问题是，到底哪些事情是真正重要的事情呢？这是一个需要我们反复思考的问题。德鲁克认为，我们应该多关注那些重要但不紧急的事情，而不要让那些看似紧急但实际上并不重要的小事占据大部分的时间和精力。这就需要我们学会区分事务的优先次序，学会把握要事优先。

大学生和研究生需要想清楚的是，未来一个学年的目标与任务是什么？未来一周的目标与任务是什么？哪些目标与任务是优先事项？哪些目标与任务是较次要的事项？还可以进一步问，哪些事情是完全没有必要花时间去处理的？

第五个习惯是有效决策。表面上，德鲁克讨论的这个问题跟大学生和研究生关系不大，因为他论述的主要是组织中管理者需要面对的决策情境。但其实，大学生和研究生面对求学、求职时，也面临着个人决策的关键窗口。跟许多后来的管理学教科书不同，德鲁克对决策有着更为本质的思考。

比如，他认为，有效决策的前提是正确地定义问题。我们时常面对着一个非常复杂的局面，但真正的问题到底是什么呢？许多人花许多时间去解决表面的问题，但真正的问题其实还在那里。再比如，他主张决策应该从"什么是正确的"出发，而非从"什么是现实中可接受的"出发。这样，即便决策常常需要妥协，所做的也是正确的妥协。又比如，有效的决策还需要搜集较为充分的信息，对目标与约束条件做评估后做出恰当的选择，将决定与计划落实为行动，并明确由谁负责、何时完成，建立决策后的反馈机制，并且在必要时做出修正。德鲁克这里的建议确实是给管理者的，但仔细思量，其实大学生和研究生在个人发展的决策上也可以借鉴这些关键原则。

德鲁克还强调，做决策时必须要重视反对意见。他谈到20世纪中叶美国通用汽车公司CEO阿尔弗雷德·斯隆时，就强调这位当时美国顶尖管理者的一项重要决策习惯。如果公司高管团队对某个项目很容易就达成一致意见，没有重要的反对意见时，斯隆会说：既然所有人都同意，那么我们不妨先把这个项目放一放。他的意思非常明确，只有听到相反的意见，并且充分评估这些意见之后，他才会最终决定如何做这一决策。这里为什么要讨论斯隆的决策习惯呢？原因乃在于，大学生与研究生关于个人发展的关键决策，也需要考虑相反意见的可能性。

对今天的大学生和研究生来说，决策的首要问题是"做什么与不做什么"，而不是"怎么做"。比如，要不要参加托福或雅思考试，要不要参加注册金融分析师或律师资格考试，这是比如何准备这些考试更重要的问题。对于专业选择、就业还是读研、出国读书与否、留京留沪还是回家乡发展等重大问题，德鲁克强调的许多决策原则同样是非常重要的，比如搜集充分的信息，对不同选项做评估，听取反对意见，制定实施计划，建立反馈机制等。这些原则与做法同样能帮助大学生和研究生在长期中提高关于个人重大选择的决策质量。

综上所述，德鲁克讲的卓有成效管理者的五个习惯是时间管理、重视贡献、用人所长、要事优先和有效决策。这些习惯或者原则，对于每个人的自我管理都非常重要——无论你是组织中的管理者，还是今天大学校园里的大学生和研究生。

如何自我管理？做好四件事情

基于上面的论述，结合我所观察到的中国大学状况，我想给同学们提供些关于如何管理自我的具体建议。我认为，需要做好四项管理和四项平衡。

做好四项管理，就是要把这四件事情管理好：第一是目标，第二是长处或优势，第三是绩效或成果，第四是时间。

首先，做好自我管理的第一步是要管理好自己的目标。我们知道，每个人的时间、精力、资源、能力都是有限的。你擅长某些事情，但不太擅长其他事情；你对某些事物感兴趣，对其他事物不那么感兴趣。一般来说，在大学和研究生阶段，我们不可能在每个领域都能做得一样好，凡事都能面面俱到。这是不太现实的。我确实遇到过所有功课的绩点都是 A 的同学，但这样的同学为了这个全 A 绩点，也牺牲了其他的许多方面。

所以，我们常常都需要做取舍。人生，就是一场取舍的游戏。而做选择与做取舍，既涉及我们的短期目标，又涉及我们的长期愿景。

过去有身边的同学们问我，如何理解人生的不同阶段？我说，人生可以分成三个阶段：第一个阶段是追求生存的阶段，就是如何靠自己的力量在社会上生存下来；第二个阶段是追求发展的阶段，即如何在某个领域获得更大的职业成就或事业发展空间；第三个阶段，我称之为追求使命的阶段，到了这个阶段就可以问问自己：我们来到世间，这一生到底应该做些什么？确实，在不同的人生阶段，一个人会面临不同的压力，因此，目标可以有所不同，人生做选择和做取舍的方式也可以有所不同。

第二，我们需要管理长处或优势。如何管理长处？首先要发现自己的长处。我长期在大学工作，很容易注意到每个同学在天赋、能力和个性上的巨大差异。比如，有些同学毕业后适合从事销售工作，有些同学适合从事技术工作或成为专业人士。你会发现，销售和技术的工作性质是完全不同的。能成为一个好的销售专员，不一定能成为一个好的技术专家；反之亦然。当然，有少数能力全面的年轻人可以同时做好两者，但更多时候，每个人都有自己擅长的领域和不太擅长的领域。

对许多人来说，从 20 岁到 30 多岁这个阶段，有一个不断发现自我的过程。如果在这个过程中能够发现自己的优势，在实践中不断磨练，持续地发展自己的优势，把这种优势提高到所有人的前 1%、甚至前万分之一的水平，就会对一个人的职业生涯产生决定性的影响。

具体来说，关于怎样发展自己的长处，方法还是很多的。一个重要而简单的原则，就是在你长处指向的方向上不断地实践。实际上，人的能力和技艺也符合"用进废退"的法则。彼得·德鲁克既是一位管理学家，又是一位作家。据说，他小学四年级就显露出了写作天赋，当时的一位女老师发现了他的写作天赋，就要求小德鲁克每两周给她提交一篇作文。由此，德鲁克养成了写作的习惯，写作能力也是愈练愈强。离开大学之后，他的早期工作经历包括在德国和英国的一些著名报纸做记者、编辑和评论家。这样的工作实践又能不断磨练他的写作能力，最终造就了一位杰出的作家和管理思想家。

反过来，如果你起初在某些领域有优势，但不去实践和磨练，那么随着时间的推移，原本的优势就会变得平庸。正确的做法是，首先要发现自己那些有重要价值的长处，然后去创造机会、条件和环境不断实践和磨练这些长处。长此以往，这些长处就会变成你一生的财富。

第三，我们需要学会管理绩效或者成果。前面提到过，在读大学时，我们常常会说某位同学很有才华，那其实更注重对一个人才华的评价。但是，正如德鲁克提醒我们的，才华如果不转化为成果，才华可能是无用的。我们不能只关注才华，而更应该关注成果。从重视才华到重视成果，是一个年轻人心智日趋成熟的标志。

实际上，无论是评价一个企业、一个组织、一个学院，还是衡量一个科学家、一个工程师、一个销售经理，我们最终都需要用成果与绩效来衡量，而不是用才华来衡量。今天的大学生和研究生需要转换思维，需要从重视才华转向重视成果与绩效，也需要多思考如何把今天的才华转化为未来的成果与绩效。

第四，我们要管理好自己的时间。管理时间，知易行难。特别是，今天社会充满了各种的信息与资讯诱惑，一部时刻让你连接整个世界的智能手机随时都可以开启。应该说，智能手机已经成为最大的时间杀手。许多大学生和研究生一天的手机屏幕使用时间高达3到5小时。如果一个人把太多时间花在智能手机上，要想集中精力学习，专注读书，全力以赴做研究，都不太可能了。有一次，我在复旦讲课时提议，同学们可以在同一个班级或同一宿舍区设立自愿参与的竞争机制，看看哪些同学能将每天的手机屏幕使用时间控制在1到2小时以内。如何管理好智能手机的屏幕使用时间，是今天有效管理时间的关键。

在时间管理上，我还要反复强调德鲁克的三条建议：记录时间，管理时间，用大块的时间来处理重要的事务。当然，时间管理的根本原则是要把尽可能多的时间放在有生产率的事情上。英国经济学家亚当·斯密早在1776年的《国富论》中就讲到，不同国家之间财富水平有高有低的一个原因，就是富国的人们将更多时间投入到有生产率的领域，穷国则相反。[1] 其实，个人也是如此，卓有成效的人将更多时间投入到有生产率的领域，普通人则相反。这里的道理其实是相通的。

如何自我管理？做好四项平衡

管理自我，我们还需要做好四项平衡。第一项是平衡好活出自我和适应外部世界的关系。实际上，在人生的大部分阶段，外部世界都会对我们提出很多要求。为了满足这些要求，我们往往需要付出大量的时间和精力。但问题是，这只是适应外部世界对大部分人的标准化要求，我们每个人其实还有另一面，就是如何活出自我。

如何处理好活出自我和适应外部世界之间的关系呢？自然，平衡好两者很重要。我并不主张大家一味去适应外部世界，放弃自我。固然，努力适应外部世界，可以让一个人取得不错的绩效，然而从长远来看，一个人未必因此能取得更高的成就，因为努力适应外部世界的过程有可能是一个不断放弃自我的过程。一个可能的问题是，他本身的好奇心、想

---

[1] 亚当·斯密，《国民财富的性质和原因的研究》（上卷），郭大力、王亚南译，北京：商务印书馆，1981年，第304~322页。

象力与创造力在这个过程中已经被磨灭了。但如果完全相反，一个人为了活出自我，完全不理会外部世界的要求，那么他可能会在起步阶段的谋求生存与职业发展上遇到很大的困难，甚至碰得头破血流。所以，对绝大部分人来说，两个极端都不太可取，我们应该平衡好适应外部世界和活出自我之间的关系。

第二项是平衡好短期目标和长期绩效之间的关系。按理说，长期是每一个短期积累的结果。问题是，在每个短期考核中表现得很优秀的人，是否在长期中能取得更大的成就呢？答案恐怕是不一定的，因为这取决于短期绩效的考核系统设计得是否足够合理，以及在多大程度上跟长期绩效的真实目标相契合。

以今天的中国大学为例，我个人认为，国内有许多大学包括许多著名大学对学生的成绩考核制度，恐怕还有很多值得商榷的地方。比如，我们在研究生阶段最想招录的是接受过良好学术训练和具有较大学术潜力的学生，但实际的操作则往往依赖于这些学生在大学期间的成绩绩点及其院系排名。我的一个观察是，很多院系成绩绩点排名最高的同学，不见得是很有学术兴趣和最具学术潜力的同学，而是最懂得如何在不同科目的考试（包括非专业科目）中都能取得很高绩点的同学。复旦大学高等教育研究所的一项研究表明，中国大学本校保研同学（他们的成绩绩点一般是最高的）的创造力和创新能力，要低于外校读研和出国读研的同学。[1]

尽管每个大学生和研究生都不得不面对一个个短期目标和考核要求，但同时也需要反思：我真的需要适应所有方面的每一个短期目标和考核要求吗？每个领域的考核，我都志在必争吗？这个问题只有每个人自己才能回答。

第三项是平衡好"脚踏实地"和"仰望星空"之间的关系。如何脚踏实地？如何仰望星空？如何平衡好两者？这也是我们需要思考的问题。关于这个主题，第八讲还会做专门讨论，这里就不再赘述了。

第四项是平衡好压力和动力的关系。在许多名人日记中，都有"今日打牌""今日登山""今日看戏""今日聚餐"等记录。这大概就是许多人真实人生的另一面，消遣和娱乐始终是人生的一部分，但这并不妨碍他们在各自领域取得很大的成就。有了消遣和娱乐，才有了正常的人生。倘若只有工作，只有奋斗，只有时刻驱动生命齿轮不断向前的压力，那么就不会是一个健康、完整、幸福的人生。

当然，对许多人来说，适度的压力可能是必要的。尤其对于自律不足的年轻人来说，适度的压力可以让他们更有效率地

---

[1] 牛新春、杨菲、杨滢，《保研制度筛选了怎样的学生：基于一所研究型大学的实证案例研究》，载于《教育发展研究》，2019年第9期，第1~9页。

安排自己的生活。当然，这种压力不应该把人压垮，或者让人陷入无所适从的崩溃境地。适度焦虑或许是人生的有益动力，但过度焦虑则大大有损人的身心健康。寻求压力和动力之间的平衡，我们的人生才能走得更远。

什么样的人适合走学术道路？

过去，总有许多同学来问我："怎么判断一个人是不是适合走学术道路呢？"确实，大学里有许多本科生和研究生都关心这个问题。

首先，我得声明，我的回答恐怕主要针对的是人文社科类学生，理工农医跟人文社科固然有共性，但差异也很显著。在我看来，一个人要判断自己是否适合走学术道路，主要是看两个标准。

第一个标准是，你对抽象世界的兴趣是否超过对实务世界的兴趣。无论你是什么专业，如果你对实务世界更感兴趣，我就建议这样的同学读书读到一定程度，比如像本科毕业或者硕士毕业，就可以进入实务世界，先去谋一份工作，然后努力在自己热爱的实务领域做出些成就来。对绝大部分同学来说，你不可能在学校待一辈子。读书读到一定的时候，离开学校，迈向职场，在社会中创造价值，这是绝大部分人的选择。

第二个标准是，你的抽象思考能力应该是你所有能力中较有优势的方面。举例来说，一个同学特别擅长做具体的事情，能够把许许多多事情——筹办一场会议、组织一场比赛、协调安排一次暑期调研或者建设一个社团微信公众号——完成得质量和效率都很高，但如果让这位同学以分析和思辨的方式来讨论一两个抽象问题，他在分析、思辨和洞察力方面并没有超过平均水平，那就说明这位同学是在实务领域更有优势，而不是在学术领域更有优势。

如果一个人同时符合上述两个标准，我建议可考虑走学术研究道路。否则，我还是建议应该选择实务领域的工作——其实，这是一个要比学术研究更为广阔的天地。

世界一流大学如何选人？

这一讲的最后，我还想强调一点，很多同学在努力追求"优秀"，希望在现有评估体系中达到出色的表现，实现自己在意的许多目标——这当然没有错。但是，如果要求更高一点，那么"优秀"还是不够的，真正考验一个人的是能否从"优秀"迈向"卓越"。从优秀到卓越，不是简单的分数提高、活动增加、技能提升，而应该是一个质的飞跃。这意味着我们需要从根本上思考："我能为这个世界带来什么样的价值？"

我指导过一位本科生，在校期间成绩尚好，但成绩绩点不算特别出众。考虑到保研机会的不确定性，这位同学将硕士项目的申请目标瞄准为美国一流大学，最终拿到了三所美国前

20名大学的硕士录取通知书。申请成功的关键，除了她本身比较优秀、雅思成绩很高以外，一个重要因素就是思维方式的转变。

这位同学老早就跑来问我："如果我想申请世界一流大学，我应该怎么做准备？"我的回答并没有从技术细节开始，而是提出了一个根本问题：你认为，世界一流大学到底在寻找什么样的人？答案是，他们主要寻找两种人。

第一种是具有一流学术抱负和学术潜力的人。本科成绩单漂亮固然重要，但更重要的是，你是否真正展现出探索人类知识边疆的强烈渴望？你是否做好了相应的学术积累与准备？你是否有志于成为某一领域的顶尖科学家或顶尖社会科学家？假如你完全没有这样的学术抱负，那么世界一流大学为什么要把这个机会给你，而不是给那些学术抱负和学术潜力更高的人呢？

第二种是愿意改变世界的人。这里的改变世界，不是说要改变整个世界格局，而是说你毕业后能在自己所在的领域推动创新的做法，提供与众不同的价值，进而能够更好地服务社会、国家与人类。真正改变世界，往往需要从改变你自己所在的领域开始。无论是发明智能手机、创新人工智能大语言模型，还是通过公益募捐向非洲儿童提供蚊帐，或是为发展中国家的孩子提供免费在线教育平台等，这些都称得上是改变世界的事情。一般来说，在实务领域，世界一流大学真正渴望的是那些想法与众不同、致力推动变革、引领未来潮流的人。

总之,世界一流大学寻找的是这样一批人——他们要么在科学或学术上有顶尖的抱负,致力于探索人类知识的未知边疆,要么在实务世界中拥有这样热切的渴望:"我来到这里,是为了让世界有所不同,或者至少在我力所能及的范围内能对世界有所改变。"

所以,世界一流大学需要的不是一般意义上"优秀"的人,而是真正达到"卓越"标准的人。优秀,是达到高标准;卓越,关注的并不是达标,而是在学术上或实务上做到与众不同,并能对世界有新的贡献。

第五讲
如何做好研究?

> 人类的幸福并非偶然的现象。它取决于诸多因素——从遗传学与神经生物学,再到社会学与经济学。然而,显而易见的是,关于我们如何在这个世界上实现繁荣,确实存在可以认识的科学真理。
>
> ——萨姆·哈里斯

第五讲的主题是如何做好研究。我要跟你讨论的是学术研究的一般原则和方法。今天即便是在大学就读人文社科专业的研究生,恐怕也只有少部分人真正关心什么是研究以及如何做研究。本来,顾名思义,"研究生"的本职就应该是做研究。但21世纪以来,中国社会经历了严重的"学历通胀"。现在许多大型机构已经把硕士研究生列为许多重要岗位的求职门槛了。这就使得许多本来不打算做研究的同学,不得不读两三年的硕士研究生。但如果只是以解决这种求职门槛的心态读研究生，许多人即便研究生毕业了，可能还对如何做研究这件事不明所以。

而真正理解什么是研究以及什么是好的研究，会大大有益于大学和研究生阶段的学习以及未来的职业生涯。需要说明的是，由于专业所限，我讨论的如何做研究，主要面向的还是人文与社会科学领域——特别是社会科学领域——的大学生和研究生。

什么不是社会科学研究？

首先需要讨论的是，人们对研究还存在着普遍的误解。到底什么是好的研究与好的社会科学研究？据我观察，许多人其实并没有深究这样的问题。我过去也在许多场合讲过这个问题。[1]

比如，有些人把文献梳理和文献综述当研究。假如你在一个领域研读了20本、50本、甚至100本书，或者读了几十、上百篇较高质量的学术论文，读完这些之后，你其实已经是一个很有学问的人。然后，你对过去所读的作品进行梳理和总结，写成一篇综述性的大文章，贡献给大家。那么，这篇文章算不

---

[1] 可参见：包刚升，《政治学通识》，北京：北京大学出版社，2015年，第349~371页。

算一项研究呢?

这里就涉及一个根本问题。研究的核心,其实是要求研究者贡献新的理论或新的知识。只有当一项学术活动致力于贡献新的理论和新的知识时,这样的学术活动才算得上一项研究。你研读了大量的专著与文献,把它们梳理和总结出来,这个工作也很有意义,但它本身还不是研究,而只是研究的前期准备阶段。这就是说,综述和梳理不等于研究。

再比如,有些人去基层、去农村做了很多调研,并形成了很多一手的调研材料;还有些人本身有很丰富的地方政府或某个实务领域的工作经验,积累了很多经验性的素材,那么,这样的工作算不算研究呢?在我看来,这在很大程度上还是研究的一个前期准备阶段。这可以为后续的研究提供重要的素材,但这件事本身跟学术研究要求的贡献新的理论和新的知识,还是有很大距离的。

又比如,国内舆论场或学术界常常有人提出某种大胆的新主张。那么,这个引人瞩目的主张是不是研究?这种主张可能带有研究的色彩,但主张跟研究本身仍然是两回事——除非他的这种主张是某项新的严谨可靠的社会科学研究所形成的新的结论。

还比如,中国知识界很流行许多打比方或者做类比的说法。在1990年代,有一位很重要的经济学家曾经提出过这样一种说法:经济发展就像骑自行车,不能太快,也不能太慢。

这个比喻可以说是非常生动形象,也符合人的生活常识。所有会骑自行车的人都懂:你骑得太快,一旦遇到坑洼路段,就容易摔倒;你骑得太慢,就不能保持稳定,也会从车上掉下来。所以,骑自行车需要保持一个适当的速度。这位经济学家的意思是,经济发展也需要保持一个恰当的速度。我得说,这确实是一个有趣的新说法,但这个说法本身并没有贡献新的理论或新的知识。它只是把我们已经知道的东西以一种生动形象的方式呈现出来。

什么是研究或社会科学研究?

我在这些年的采访中反复强调,学者有两项主要使命:第一是创造知识,第二是传播知识。在这两项任务中,特别是对海内外研究型大学的学者来说,首要任务还是创造知识,即能够产生新的理论或知识上的贡献。

那么,什么叫作创造知识呢?比如,我们走在路上,看到头顶的天空和日月星辰,看到身边的花草树木,看到各式各样的建筑,看到来来往往的交通工具,如果我们接受过相当的教育,我们对这些事物背后的道理,大概都有相当的理解。问题是,我们所理解的这些事物的知识来自哪里?这些知识是我们自己发现的吗?当然不是。

我们为什么能够理解日月星辰呢?主要是因为我们上过物

理学课，或者读过介绍日月星辰和宇宙现象的书籍。这样，借助课程或书本上人类已有的一个个理论，我们就能理解日月星辰和复杂的宇宙现象背后的道理。所有这一个个理论，都不是我们自己发现或提出的，但每一个理论一定是在过去某个时刻由某个科学家首先发现或提出的。他们通过论文或专著的出版，阐述了解释日月星辰运行的某种新理论，进而大大增进了后来的人们对这些宇宙现象的理解。

假设我们把这少数伟大的自然科学家关于日月星辰和宇宙现象的理论解释全部拿掉，那么人类就会重新回到一个迷信、蒙昧的时代。面对跟日月星辰有关的宇宙现象，我们就会回到前现代的或者跟古人相当的某种认知水平。

除了自然现象，我们对于社会现象的理解也依赖于过去提出的理论。举个简单例子，今天我们谈论中美关系及其可能的冲突时，许多人第一时间会想到一个概念——"修昔底德陷阱"。这显然是受到了国际关系理论研究的影响。在《注定一战》中，哈佛大学肯尼迪政府学院格雷厄姆·艾利森教授指出，当一个新兴大国崛起、试图挑战现有主导大国的地位时，双方之间就有较大可能爆发冲突与战争。[1] 当然，需要说明的是，这里讨论的冲突与战争并不是无可避免的。

---

[1] 格雷厄姆·艾利森，《注定一战：中美能避免修昔底德陷阱吗？》，陈定定、傅强译，上海：上海人民出版社，2019年。

这种理解中美关系或复杂国际政治的理论视角,并不是我们天然就具备的。这种理论都是由某个学者基于对历史经验的考察,经过严密的逻辑论证后,首先提出来的。这种理论一旦提出,就能帮助我们以一种系统化的眼光和视角去更好地理解过去的国际关系案例,以及更好地审视目前国际秩序中的大国竞争。这就是理论的力量。理论不仅帮我们更好地看懂过去,也能帮我们更好地理解现状和未来。

再比如,今天我们对经济和经济发展的理解,基本上是被过去的经济学家所提出的理论塑造的。一个记者在一场媒体见面会上问一位高级财经官员,下一步该如何促进经济发展?被提问的高级财经官员往往会条理清晰地讲出一整套观点与政策主张,包括从消费、投资、出口等方面来推动增长,从市场机制、全要素生产率、科技创新等维度来推动经济转型,从宏观调控、财政政策、货币政策等方面来优化宏观经济环境等。

熟悉经济学的人就会知道,这里的每一个论述都基于背后的一整套经济学理论。这些理论是这位高级财经官员自己提出来的吗?当然不是。这些理论源自18、19世纪以来许多经济学家的一系列理论创造,并经由主流经济学教科书和国内外大学课程的传播,才逐渐成为今天社会的"经济常识"。

正如20世纪的科学哲学家卡尔·波普尔所强调的,人类社会的进步,本质上就是一个知识不断积累与自我修正的过程。[1]比如,许多人都知道的一个故事是,古希腊哲学家亚里士多德认为,重物比轻物下落得更快。这听起来似乎符合我们的日常经验,比如从高楼同时抛下一个铁球和一个纸箱,我们常常会看到铁球落地更快。然而,这一貌似正确的"常识"在近代被科学家质疑并最终推翻了。伽利略通过比萨斜塔的实验提出了一个新理论:同一高度的不同质量物体从空中坠落时会同时着地。

这一实验不仅挑战了亚里士多德的权威观点,也标志着自然科学认识上的一次重大突破。这也说明,知识正是在不断的被质疑和被修正中前进的。新的理论之所以产生,不只是因为它们带来了不同的理论解释,还因为它们修正了过去理论解释中的错误,进而提升了人类对世界的认知。

因此,无论科学研究还是社会科学研究,其核心都是创造新的理论与知识,进而改变人类对世界的认知。无论解释自然现象,还是解释社会现象,研究在本质上都是要提供新的理论去更好地解释它们。

---

[1] 卡尔·波普尔,《猜想与反驳:科学知识的增长》,傅季重等译,上海:上海译文出版社,2005年。

什么是理论？

基于前面的讨论，研究的核心在于创造新的理论或新的知识。问题是，到底什么是理论？理论通常是对某一种自然或社会现象的解释，这种解释要基于某种确定的因果关系或因果机制，并基于有效证据的支持。简单地说，理论的关键在于用证据解释什么原因导致了什么结果。

比如，我们走在路上，感觉到风越来越大，那么，风越来越大的原因是什么？这就需要一个理论来解释风的形成。我们又走了一会儿，发现天开始下雨，那么，下雨的原因是什么？我们就需要一个理论来解释雨的形成。我们打开电视，看到某个国家这些年的经济增长非常好，我们就会问：经济增长的原因是什么？如果你读了经济学或经济增长的教科书，就会知道已经有人提出了许多不同的理论来解释经济增长。我们又看到另一个国家这些年的通货膨胀率非常高，那么，通货膨胀的原因又是什么？我们同样需要一个理论来解释通货膨胀的形成。

所有这些——无论是自然现象，还是社会现象——都需要某种理论解释，而理论解释的核心就是因果关系。换言之，世上有某个原因 X 或者某几个原因 X1、X2、X3，导致了某个结果 Y 的发生——这样的基于因果关系的解释就是理论。

一个论断之所以可以被称为理论，一般需要符合三个标准。第一,它必须基于严密的逻辑和推理。你不能凭空揣测"天为什么会下雨",而是需要一整套基于因果机制的解释。有时,文学创作可以完全凭主观想象,而不必依赖于严密的基于因果关系的逻辑。在金庸所著的《天龙八部》中,段誉意外跌入一个山洞,经过一系列奇异事件后,他就获得了不世的武功。如果要较真,我们做社会科学研究的人就会问:为什么一个没有武学基础的年轻人跌入山洞,经过这一系列奇异事件后,就能获得不世的武功?

第二,它必须要有证据的支持,而不是靠凭空想象。胡适说:"大胆的假设,小心的求证。"凡是做科学研究的,都需要基于证据。胡适当年说,做学者的应该有一个口头禅——"拿证据来!"当有人提出一种观点,科学家和社会科学家的习惯是拷问这种观点的证据。他们喜欢问:你有可靠的证据吗?

第三,它需要基于一套可验证的方法和程序,而且是可以证伪的。这是现代学术研究与日常经验、主观判断之间最根本的区别之一。学术论证不能仅仅依靠直觉、权威或个别案例,而必须建立在系统、透明、可重复的研究方法之上。此外,任何科学理论都应当具备"可证伪性",即它始终存在着被新的证据推翻的可能性。

总之,理论是对某个自然现象或社会现象的基于因果关系和严密逻辑的解释,应该有经验证据的支持,应该基于一套可验证的程序和方法,并且具有可证伪性。只有具备这些条件,我们才可以说这是一个科学或社会科学意义上的理论。

关于自然和社会的著名理论

尽管我不是自然科学家,但我们不妨一起来看看关于宇宙起源的理论问题。如今,科学界对这个问题的主流解释是"大爆炸理论"。这个理论构建了一套逻辑严密的因果解释,认为宇宙起初处于一个极高密度、极高温度的状态,之后发生了剧烈的膨胀,由此逐渐演化为我们今天所看到的宇宙结构。重要的是,这一理论不仅有一套内在自洽的逻辑,还得到了可观测的关键经验证据的支持。比如,现代天文学通过观测恒星与星系的红移现象,发现宇宙确实处于持续膨胀之中。这正是对大爆炸理论的有力印证。[1]

当然,有人还会追问:大爆炸理论是不是关于宇宙起源的终极真理?这是个非常有意义的问题。答案是:我们仍然无法确定。一方面,在目前的科学框架下,它是对宇宙起源最具解释力的理论之一,也得到了许多观测数据的支持。另一方面,大爆炸理论是否就是终极真理,还需继续检验。随着科学技术的进一步发展,未来可能会出现更有说服力的理论,这就有可

---

[1] 可参见:史蒂芬·霍金,《时间简史》(插图本),许明贤、吴忠超译,长沙:湖南科学技术出版社,2010年。

能修正，甚至推翻现有的大爆炸理论。

我们不妨再看第二个例子——关于生物界演化的理论问题。在这一领域，最著名的理论就是达尔文的进化论。达尔文提出，生物界并非一成不变，而是在持续演化之中。个体间在资源有限的环境中展开竞争，而在变异与遗传的基础上，某些个体更能适应环境，因而更有可能生存并繁衍后代；不适应者则逐渐被自然选择所淘汰。达尔文的理论为理解生物界的演化提供了一个清晰的基于因果关系与经验证据的分析框架。[1]

当然，进化论并不能解释所有现象，它本身也在随着新的科学发现的出现而不断被修正和扩展。总体上看，达尔文的理论以一种极其简洁而有力的方式解释了自然界中无比复杂的生物演化现象。像进化论这样能以无比简洁的框架解释无比复杂自然现象的理论，无疑是一种伟大的理论。但是，它并不是一个完美的理论，也不是一个能解释全部生物进化现象的理论。

除了自然现象，我们同样可以从社会现象中找到许多理论建构的典范。一个经典的问题是：如何解释经济发展？我们今天所理解的"经济发展"，更多是指自18世纪以来，尤其是英国工业革命之后所出现的持续增长和结构变革的经济现象。这种增长与变革不仅改变了英国，也深刻影响了全世界。那么，

---

[1] 查尔斯·达尔文，《物种起源》，周建人、叶笃庄、方宗熙译，北京：商务印书馆，1995年。

如何解释经济发展呢？自亚当·斯密以来，经济学界就提出了众多互相竞争的理论。有人强调资本积累的重要性，有人聚焦于专业化分工与市场扩大，也有人从自然资源禀赋入手；制度经济学者则强调产权制度与制度激励机制，还有学者从人力资本的提升来解释经济潜力为何得以释放。此外，像德国社会学家马克斯·韦伯在《新教伦理与资本主义精神》中提出，西方资本主义的兴起与新教伦理中的节制、责任、勤奋、敬业等价值观密切相关。[1] 到了 20 世纪晚期，技术进步与创新理论越来越成为经济增长的主流解释之一。[2]

值得强调的是，这些理论都不是凭空想象出来的，它们背后都有严密的因果逻辑和经验证据的支持。比如，芝加哥大学经济学教授西奥多·舒尔茨在研究发展中国家的农业发展时发现，尽管资本投入增长非常有限，但农业产出仍在持续增长，由此提出"人力资本理论"，强调教育和技能对于提升生产效率的关键作用。这一理论就提供了解释经济增长的新视角。[3]

我们再来看看社会科学研究的另一个案例——关于族群冲

---

[1] 马克斯·韦伯，《新教伦理与资本主义精神》，阎克文译，上海：上海人民出版社，2018 年。

[2] 戴维·N. 韦尔，《经济增长》，王劲峰译，北京：中国人民大学出版社，2011 年。

[3] 西奥多·舒尔茨，《改造传统农业》，梁小民译，北京：商务印书馆，2006 年。

突的研究。20世纪下半叶以来，特别是冷战结束以来，全球多个地区——如撒哈拉以南的非洲、中东北非以及东欧地区——爆发了许多大规模的族群冲突。这类冲突普遍发生在较为落后的多族群国家，国家内部存在一个或两三个较大规模的族群以及许多较小规模的族群。1990年代两个最著名的案例，一是1990年代初卢旺达所发生的族群冲突与种族灭绝事件，二是前南斯拉夫解体过程中发生的长时间族群战争。

那么，政治学如何解释族群冲突？比如，有学者从资源竞争视角出发，认为当族群之间需要争夺有限的经济资源时，冲突就更容易爆发。再比如，有人从族群结构的角度分析，从族群人口分布解释族群冲突爆发的可能性。又比如，还有人从族群权力结构的平等与否，来解释多族群社会爆发族群战争的可能性。这些理论尽管各不相同，但它们都需要建立在严密的因果逻辑分析和对大量经验证据比较研究的基础上。[1]

一项社会科学研究的结构

如果我们要做一项社会科学研究，当这项研究最终呈现在同行和读者面前时，它应该有一个怎样的结构呢？这是从结果

---

[1] Karl Cordell and Stefan Wolff, eds., *The Routledge Handbook of Ethnic Conflict*, 2nd Edition, London: Routledge, 2019.

出发来考察一项社会科学研究的结构应该是什么样的。等这个问题明确了,我们就能更好地理解如何做好一项社会科学研究。

我自己有个说法,叫作"社会科学研究的基础范式",亦即规范、合理的社会科学研究往往需要遵循一个相对固定的套路——有学者将这种范式戏称为"洋八股"。众所周知,"八股文"是中国古代科举考试中——特别是在清朝——所形成的一种固定格式和规范。所谓"洋八股",指的并不是西方独有的,而是最初兴起于西方的一种社会科学的研究范式。[1] 如今,不仅是英美的大学,包括日本、韩国、新加坡、中国的大学,也普遍采用这种研究范式作为创造新的理论和知识的通用格式。比如,我过去完成的一项研究《民主崩溃的政治学》,就是严格按照"洋八股"的格式来进行研究和写作的。[2]

按照社会科学研究的基础范式,或是"洋八股"的标准,无论是一篇原创性的社会科学论文,还是一部原创性的社会科学专著,都需要包括五个基本要素或者五个主要部分。

第一部分是"研究问题",即你要研究的问题是什么,这个问题必须符合具体而明确的标准。它不能只是一个研究领

---

[1] 彭玉生,《"洋八股"与社会科学规范》,载于《社会学研究》,2010年第2期,第180~210页。

[2] 包刚升,《民主崩溃的政治学》(精装版),北京:商务印书馆,2024年;Gangsheng Bao, *Politics of Democratic Breakdown*, London: Routledge, 2022。

域，比如，你说"我想研究现代化"——现代化是一个研究领域。它应该是一个具体而明确的问题，比如，你关注的是"同样面对西方的冲击，为什么19世纪的日本相比于同时期中国能更有效地做出反应，进而实现初步的现代化"，这个问题的提法就符合具体而明确的标准，它关注中日比较的特定视角，试图解释中日面对西方冲击的不同反应。

第二部分是"文献综述"。你所关心的研究问题，大概率不是你第一个提出来的。当然，极少数学者能提出过去尚未有人提出过的研究问题。但在绝大多数情况下，你的研究问题过去早就有人提出来了。这意味着该问题已经有很多先行的相关研究了。既然如此，当我们开始研究这个问题时，就需要对这个领域已有的学术文献进行综述和评价。

比如，如果你关注的是"为什么有的国家富裕，有的国家贫穷"或者"为什么有些多族群国家发生了严重的族群冲突，而有些没有"，那么你首先需要对涉及经济增长和族群冲突的文献进行总结、评价和反思。这便是所谓的文献综述。

一般而言，文献综述应该符合三个原则：第一，全面性原则——你必须综述与研究问题相关的所有重要文献；第二，相关性原则——只综述与研究问题有关的文献；第三，评述性原则——不仅要归纳总结现有文献，而且还要讨论这些文献的贡献与不足——实际上，往往是现有文献的不足构成了新研究的起点。

文献综述对于有志于学术研究的大学生和研究生来说，是一项学术基本功。原因很简单,你想要提出一个新理论,就得弄清楚前人是怎么说的。如果你对前人的研究没有充分的了解,很可能无法提出任何有价值的新理论。当然,学术界有极个别的天才能够从头开始,提出全新的研究问题,提出全新的原创性理论,甚至开创了前所未有的研究领域。但这种例子毕竟非常罕见。

顺便说一下,如今许多全球顶尖大学的研究生课程,常常会采用一种被称为研讨课(Seminar)的上课模式。研讨课要求学生在上课前阅读课程指定的重要文献——一般包括代表性的经典文献和最新的前沿研究,以帮助学生掌握该领域的现有重要议题和相关研究积累,然后在上课过程中,通过教授的主持、引导和点评,学生的参与、发言和讨论,来分析这些主要文献在议题、理论和方法上的特点,以及它们的学术贡献与不足,进而促使参与课程的学生完整理解某个领域研究进展到了何种程度。

接下来是至关重要的第三部分,就是"主要观点和理论"。这是整项研究的核心。在第二讲中,我曾经强调,写文章的前提就是你必须有值得写的东西。如果没有新观点、新发现和新思想,你就没有必要为了写文章而写文章了。做研究的道理是相似的,如果并没有预期新的理论发现,那就没有必要开展这项研究了。

前面已经明确了研究问题,并完成相关文献的综述和讨论,接下来,你就要在此基础上提出自己的主要观点了。你可能会发现,前人的理论和贡献固然有重大价值,但还存在着许多不足,比如,现有理论无法解释某些关键的现象。这时,你的任务就是提出新的理论解释。你不只是要提出自己的主要观点,还要明确关键的解释变量,论证其中的因果机制,说明为什么你的理论要比现有的理论在解释某些现象上更有优势。

我过去的一位老师曾经形象地说,我们的每一个研究都要和前人的研究"做切割"。这就是说,你要明确指出哪些部分是别人已有的贡献,哪些部分是你自己这项研究的新贡献。这样的切割,会使得一项真正的新研究的贡献变得非常明确,也使得许多貌似原创却不过是已有研究之重复的研究变得无处藏身。

需要提醒的是,这部分内容仅仅提出一个主要观点是不够的。要使这个观点变得有解释力和说服力,你还得提供一整套可信的因果机制。在实际写作中,你至少需要用几百字或上千字的内容来解释你的提出的因果机制是如何起作用的,以及你的观点和理论为什么能够更好地解释这项研究关注的问题。

第四部分是"经验证据"。你如何证明你提出的新观点或新理论呢?你得有充分的证据。社会科学研究,无法通过凭空想象或用文学化的语言去渲染情感,来论证一个观点,而是要用事实和数据来支持你的观点。现在的研究方法变得越来越丰富多样,比如有学者用计算机模拟实验来作为经验证据,同样被学术界接受。但在大多数情况下,你仍然需要使用两种主要的研究路径:一种是定性研究,研究者一般采取讲故事、案例分析,包括历史事件在内的比较分析等方法;另一种是定量研究,研究者主要是通过对大量数据的回归分析等统计技术,来验证自己提出的观点或理论。考虑到学术代际的问题,我一直主张,这一代年轻的大学生和研究生需要同时掌握这两种研究路径,即定性研究和定量研究。

第五部分就是"研究结论"。你的研究结论可能是验证了你的主要观点,也可能是否定了你的主要观点。无论如何,你的研究结论应该建立在经验证据的基础上,并且回应最初提出的研究问题。这样,从研究问题到研究结论,整个研究过程就形成了一个有效的闭环(参见图5-1)。

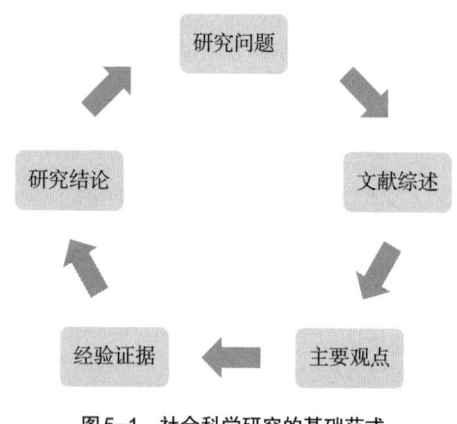

图5-1 社会科学研究的基础范式

可见，一个完整的社会科学研究需要由五个部分组成，分别是研究问题、文献综述、主要观点、经验证据与研究结论。

作为样本的《专制与民主的社会起源》

美国历史社会学家巴林顿·摩尔于1966年出版的名著《专制与民主的社会起源》，至今在西方和中国仍然受到关注。无论是美国还是中国，攻读政治学和社会学的许多学生对这部书并不陌生。

在该书中，巴林顿·摩尔在20世纪50至60年代观察到不同国家在政治现代化的道路上呈现出巨大的分化。有些国家选择了"资本主义民主"道路，如英国和美国这样的西方国家；有些国家则走上了法西斯主义道路，如德国和日本——要知道摩尔在做这项研究时，二战结束不算很久；有些国家则走上了共产主义道路，如苏联（俄罗斯）和中国。摩尔认为，这些主要国家所走的不同道路，实际上就是政治现代化的三条不同路径，即资本主义民主道路、法西斯主义道路和共产主义道路。

为什么不同国家的政治现代化道路会出现这样的分化呢？这种分化背后的原因又是什么呢？摩尔不仅提出了这个问题，并给出了自己的理论解释。他认为，在从农业社会转向工业社会的过程中，不同国家农业商品化方式的不同，不同国家阶级结构的不同，决定了这些国家走向政治现代化的不同道路。具体而言,如果资产阶级占主导地位,那么一个国家就会走上资本主义民主的道路,英国和美国就是这种模式。他的著名论断是,"没有资产阶级,就没有民主"。如果土地贵族或者地主阶级占主导地位,那么一个国家就容易走上法西斯主义道路,德国与日本的特点是地主阶级比较强势。如果农民阶级反抗获得成功,那么一个国家就容易走上共产主义道路,俄国和中国就呈现这样的历史路径。[1]

在《专制与民主的社会起源》中,摩尔进行了精妙的理论建构,结合不同国家的政治现代化进程进行了细致入微的案例讨论,并开创性地采用了比较历史分析的研究方法。该书出版以后,很快就在政治学和社会学领域引起巨大反响,如今则被广泛视为比较政治和比较历史社会学的名著。今天英美大学的比较政治、政治发展和比较历史分析课程仍然会时常提到这部学术经典。

当然,这本书也受到许多批评,最为严厉的批评来自历史学家。在书中,摩尔以一名政治社会学家的身份,用比较历史分析的方法对多个国家的案例进行了比较研究,但许多历史学家质疑摩尔书中关于国家案例的历史分析。当然,总的来说,《专制与民主的社会起源》仍然被视为一部比较历史

---

[1] 巴林顿·摩尔,《专制与民主的社会起源:现代世界形成过程中的地主和农民》,王茁、顾洁译,上海:上海译文出版社,2012年。

分析的代表性作品，摩尔用不同国家农业商品化的差异和阶级结构的不同，成功解释了为何不同国家的政治现代化会走上不同的道路。

怎样做社会科学研究？打好基础

讨论至此，随之而来的问题是，我们又该怎样做社会科学研究呢？要想从事任何有价值的研究，前提是要打好基础。不打好基础，只靠灵光一现的聪明才智来做研究，这几乎是不太可能的。就目前的学术标准来说，任何像样的社会科学研究，都需要接受规范严格的学术训练，需要在研究领域打下扎实的基础。

过去，常有学生来请教我，他们说："我考虑以后读博士，走学术研究道路，请问现在该做哪些准备呢？你对我有什么建议吗？"遇到这种情况，我无一例外，一般都会给出四条建议。当然，我是政治学教授，举例只能以政治学为例，读者自可根据自己的学科灵活运用，触类旁通。

第一条建议是研读和熟悉经典，既包括传统经典，又包括当代经典。拿政治学来说，西方政治学的传统经典，包括了从柏拉图、亚里士多德，到马基雅维里、霍布斯、洛克，再到孟德斯鸠、联邦党人、托克维尔、密尔等人的代表作。这些作品都发表在20世纪之前，可称之为传统经典。如果对中国古代政治学经典感兴趣,那么至少可以读一下春秋战国时期的代表性文本,特别是儒家、法家与道家的主要文本。我在《儒法道》一书中,主要讨论了儒家的《论语》和《孟子》,法家的《商君书》和《韩非子》,道家的《道德经》和《庄子》。[1] 这些是中国先秦政治学的传统经典。

那么,什么是当代经典呢?我一般将20世纪中叶以来政治学领域备受关注、具有重大影响力的学术专著,称为当代经典。比如,我们之前提到过的巴林顿·摩尔作品《专制与民主的社会起源》,可以称之为当代经典。从20世纪中叶开始算,国际学术界在最近四分之三世纪里已经产生为数不少的当代经典。比如,像民主化研究中的塞缪尔·亨廷顿所著《第三波:20世纪后期的民主化浪潮》,像国家理论中的查尔斯·蒂利所著《强制、资本和欧洲国家》,像政治哲学中的约翰·罗尔斯所著的《正义论》,像国际政治中的汉斯·摩根索所著《国家间的政治:为权力与和平而斗争》,都是需要重视的当代经典。这些作品都是各个领域较具代表性的研究。

第二条建议是研读和把握学术前沿。跟熟悉经典相比,把握前沿的难度还要更大些,因为学术经典是比较稳定的。比如,拿西方政治哲学的经典来说,大体上列出二十来部,对大多数

---

[1] 包刚升,《儒法道:早期中国的政治想象》,桂林:广西师范大学出版社,2023年。

学习者就差不多了。如果你不是专门研究西方政治哲学的，研读这二十来部学术经典应该是够了。但是，要想时刻追踪和把握前沿，就非常不容易。

比如，最近十年，国际前沿的政治理论、比较政治与国际关系的研究已经进展到了什么程度呢？要想把握这个国际学术前沿，我们就得干好两件事：一是阅读国际上政治学顶尖期刊的代表性学术论文，比如《美国政治科学评论》《美国政治科学杂志》《英国政治科学杂志》《世界政治》《比较政治》《民主杂志》《国际安全》《外交事务》等；[1] 二是阅读由国际一流出版社出版的学术专著，既包括一流大学出版社（像剑桥大学出版社、普林斯顿大学出版社）、又包括综合类人文社科出版社（像劳特利奇出版社）出版的高质量学术专著。如果要把握国内学术前沿，就需要研读国内有代表性的学术期刊和国内学术出版社出版的前沿学术专著。

第三条建议是学好语言。一般来说，这里的学好语言，主要指的是学好英语。据我观察，国内像我这个年龄的学者，英

---

[1] 相关英文刊物名，参见：《美国政治科学评论》（*American Political Science Review*）、《美国政治科学杂志》（*American Journal of Political Science*）、《英国政治科学杂志》（*British Journal of Political Science*）、《世界政治》（*World Politics*）、《比较政治》（*Comparative Politics*）、《民主杂志》（*Journal of Democracy*）、《国际安全》（*International Security*）、《外交事务》（*Foreign Affairs*）。

文特别好的人并不算很多。但现在的年轻朋友——新生代的学者——英文越来越好。当然,从听说读写有困难,到听说读写不是问题,再到精通英文,是语言能力的三个不同境界。在英文水平普遍提高的前提下,新一代学者应该追求精通英文的境界。

除了英语,如今有些学生已经开始掌握第二门外语,比如西班牙语、日语、拉丁语,等等。拿北大、复旦这样的大学来说,在博士生申请面试的过程中,我发现有一定比例的申请者已经掌握了两门外语。由此可见,这年轻一代学人的语言能力真的是突飞猛进。当然,如果你想研究中国古代政治,那么掌握传统汉语和古文献学就非常重要。这是另一种语言能力。

第四条建议是掌握研究方法。简单来说,社会科学的研究方法大致可以分为两类:定性研究和定量研究。定性研究更像是在讲故事,依靠文献分析、个案研究、比较案例分析、深度访谈、参与观察等方式,去挖掘社会现象背后的因果机制。相比之下,定量研究则更偏向相关性的数量分析,以数据收集和统计分析为核心,重在揭示变量之间的相关性,追求研究结果的可测量性、可重复性与普遍性。这两种方法各有所长,也各有局限。我上文也提到过,今天的大学生和研究生,应该掌握社会科学研究的这两种主流方法。

需要特别提醒的是,按照中国高中的传统科目分类,大学的人文社科属于文科（尽管许多经管院系和社会科学院系是文理兼收的），许多选择就读文科的同学往往在数理上并没有显著的优势。由此导致了一个非常现实的问题是，许多大学就读人文社科专业的同学，对于定量研究方法有点发怵，因为它涉及数理统计的方法和运用。这就给就读人文社科专业的文科生设置了一定的门槛。

我在大学课堂上时常强调，掌握统计分析和定量研究的基本方法与工具并没有想象中那么困难。许多时候，问题不在于学生能力本身，而在于国内高校这方面的教学方式。目前，许多大学的社会科学统计课程仍采用大班授课，注重数理推导的模式，结果往往是使许多学习者都无所适从。我的主张是，国内高校特别是一流大学应该首先推动统计分析与定量研究的小班教学，并以应用社会科学的视角重新设计教学内容和方法。对社会科学专业的学生来说，社会科学统计分析不应该是以数学学科为特色的抽象分析工具，而应当被理解为帮助非数学专业人士分析社会现象、验证理论假设的一整套实用分析方法。如果整个教学体系不能提供有效的社会科学统计分析课程，我的建议是，如今面对国内外视频网站的海量学习资源，每个同学其实可以根据自身的基础和数理能力，确定一套适合自己的个性化学习方案。

总之，要进行社会科学研究，首先要打好基础。我的建议包括熟悉经典、把握前沿、学好语言、掌握方法。而所有这些都需要大家付出时间、精力和耐心,因为学习的道路并没有捷径。而一旦掌握这些本领之后,你会发现自己站在一个更高的起点上。

怎样做社会科学研究?具体实施

我们接下来可以进一步讨论,怎样来具体实施一项社会科学研究。碍于篇幅所限,这里只能做一个简单的讨论。我提供了一个"五步骤加四要素"的实际操作指南。这里讲的社会科学研究的五步骤,构成了从研究构想到最终学术产出的完整链条。

第一步,确定你的研究领域。这一步是整个研究过程的出发点。你需要找到一个自己真正感兴趣、愿意投入时间和精力的学术领域。一般来说,兴趣就是最好的驱动力,只有带着激情工作,才能有好的学术产出,它也决定了你是否能持续思考和深入探索某一领域的社会现象。

第二步,找到一个具体而明确的研究问题。好的研究问题往往源于对现实问题的敏锐洞察、对学术文献的长期积累以及对理论争议的准确把握。研究问题应该是明确而具体的,大体上应该是以"Why"方式呈现的,即需要用社会科学理论来解释某种社会现象。

第三步,进行研究设计。这关系到"我将如何研究这个问题"。这涉及理论框架的选择、概念的操作化、变量的界定、研究方法的确定（如定量、定性或混合方法），以及数据的来源与收集方式。研究设计做得好不好，会直接影响这项研究的质量。

第四步，执行这项研究。这一阶段包括文献检索、资料整理、数据收集、实证分析、案例研究、田野调查、模型建构等具体操作。这是一个高度技术化、实践性的阶段，需要研究者具备一定的研究方法基础和解决问题的策略意识。

第五步，呈现研究成果。当你完成研究后，需要回到研究问题，总结研究发现，写成论文或者专著，评估其在理论上的贡献和对现实世界的启发。同时，还要清楚地论述这项研究的局限，并指出未来研究可能的拓展方向等。

这里还需要提醒的是，这五个步骤不是机械地逐项执行，而是一个不断反馈、循环修正的过程。

在实际展开一项社会科学研究的过程中，我还总结出了一个简洁而实用的"1+3"四要素公式（参见图5-2）。这个公式对要从事社会科学研究的同学来说，具有相当的参考价值。这个公式中的"1"，指的是以问题为中心。无论你研究哪个领域，具体研究的起点始终应该是一个具体而明确的问题。如果没有一个好的研究问题，后续的理论、方法和实证材料都可能变成无的放矢。

这里的"3"，指的是需要重点把握的三个方面：理论、方法与事实。无论对哪个领域感兴趣,当你彻底掌握该领域的理论,学会前沿的研究方法,加上精通这个领域的关键事实与细节,那么你就没有理由不能完成一项好的社会科学研究。

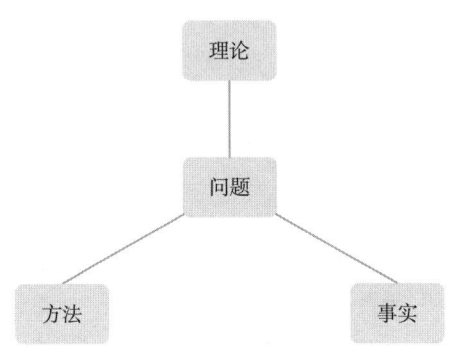

图5-2 做研究的四要素公式

我过去指导的学生在研究上遇到困难,无法取得有效进展,然后来咨询我的意见时,我时常会以"1+3"来拷问他们。你有明确的研究问题吗?你已经掌握了该领域的相关理论吗?你已经掌握了前沿的社会科学研究方法吗?你是否已经彻底弄清楚跟研究问题有关的事实和细节、是否已经成为事实与细节的真正专家?在我看来,研究之所以不能取得有效进展,问题往往出现在上述四个方面。

当然,我这里点到为止,这部作品毕竟只是一部关于怎样读大学的通识作品。如果你想更加深入了解怎么做社会科学研究,我建议你去读读关于怎样做研究的专门作品。[1]

为什么有些研究众人瞩目?

我这一讲最后想跟你讨论的问题是:为什么有少数研究能产生重大贡献,成为众人瞩目的焦点,甚至对世界产生了深远的影响?今天全球范围内的职业科学家和职业学者数量非常庞大,每个人都完成了数量不等的研究,但实际上,只有极少数研究会产生重大的科学与学术贡献,或者对外部世界产生重要的影响。无论自然科学领域,还是社会科学领域,大体都

---

[1] 关于怎样做社会科学研究的基础作品,可参考:(1)Gary King, Robert O. Keohane, and Sidney Verba, *Designing Social Inquiry: Scientific Inference in Qualitative Research*. Princeton, NJ: Princeton University Press, 1994. 中译本参见:加里·金、罗伯特·基欧汉、悉尼·维巴,《社会科学中的研究设计》(增订版),陈硕译,上海:格致出版社,2023年。(2)W. Lawrence Neuman, *Social Research Methods: Qualitative and Quantitative Approaches*. 8th ed. Boston: Pearson, 2019. 中译本参见:劳伦斯·纽曼,《社会研究方法》(第7版),郝大海译,北京:中国人民大学出版社,2021年。(3)John W. Creswell and J. David Creswell, *Research Design: Qualitative, Quantitative, and Mixed Methods Approaches*. 5th ed. Thousand Oaks, CA: SAGE Publications, 2018.(4)Earl R. Babbie, *The Practice of Social Research*, 15th ed., Boston, MA: Cengage Learning, 2020. 中译本参见:艾尔·巴比,《社会研究方法》(第十四版),邱泽奇译,北京:清华大学出版社,2022年。

是如此。

因此,我常常在课堂上提醒同学们,在努力学习和阅读文献的过程中,还要多想想:为什么有极少数研究能脱颖而出,成为众人瞩目的重要研究?反复思考这样的问题,可以让我们逐步养成更好的学术判断力,即能辨别什么样的研究会带来较重大的价值。既然人的时间非常有限,人的生命非常有限,为什么不力争做出能够产生重大学术贡献和重大实际影响的研究呢?

问题是,到底什么样的研究更容易成为贡献重大、众人瞩目的研究呢?我认为,首先这应该是一项关乎重要议题的研究。所有贡献重大、众人瞩目的研究都有一个特点,就是它的研究议题非常重要。只有在重大议题上的研究突破,才有可能产生重大贡献,并引发学术界和社会的广泛关注。

举例来说,像查尔斯·达尔文,他关注的是整个生物界的进化。这无疑是一个非常重要的议题。像阿尔伯特·爱因斯坦,他的重大贡献之一是发现了质量和能量之间的数量关系。实际上,在整个自然世界中,几乎没有什么问题的量级可以比质量和能量之间的数量关系更为重要。

在社会科学领域,有些议题的重要性也是显而易见的。我有位复旦同事经常说,有两类问题很重要。第一类问题是跟发展、繁荣和衰败相关的问题,第二类问题是跟和平、冲突和战争相关的问题。我也非常赞同这个看法。当然,我还认为,自

19世纪以来，人类社会或者每个国家绕不过去的，就是政治现代化的问题，或者从传统政体向现代政体转型的问题。这个议题也非常重要。

这方面的挑战在于，究竟哪些议题是真正重要的议题呢？我想，这方面的标准是因人而异的。总的来说，如果某个问题对一个国家乃至全人类来说都是一个绕不过去的问题，那么其重要性是显而易见的。这样的问题往往会对整个国家或人类的政治秩序、兴衰成败、个人福祉都产生深远的影响。比如，对小罗伯特·卢卡斯（Robert E. Lucas, Jr.）这样的经济学家来说，经济发展就是最重要的理论问题。这是显而易见的。对塞缪尔·亨廷顿这样的政治学家来说，军政关系、政治稳定和政治秩序、民主化或民主转型、文明冲突与族裔认同，就是非常重要的理论问题。这其实也是显而易见的，这些问题也一步步引导着亨廷顿的研究。

但是，即便如此，我们很多时候还是很难说清楚，究竟哪些研究是真正重要的研究。比如，我知道有科学家在研究蜻蜓在飞行中遭遇雨滴时是如何调整身体姿势来应对雨滴冲击的。这是一个重要的问题吗？我们其实很难做出准确的判断。如果在这个方向上获得重要的科学发现，没准对人类下一代地球飞行器的开发会产生重大价值。所以，对于究竟什么是重要议题，学术界恐怕并没有多少共识。

如果研究议题或研究领域本身是重要的，那么接下来就有两个可能的突破方向。第一个方向是在这个重要的领域提出一个全新的问题。许多伟大的研究都源自一个全新的问题。比如，苹果熟了以后，为什么会落在地上？比如，光是什么？比如，颜色是什么？这些重大而全新的科学问题，引领了过去几个世纪的许多重要发现。

美国诺贝尔经济学奖获得者罗纳德·科斯的学术成就很大程度上源自一个全新的问题。大家知道，经济学中普遍假设市场机制是有效的。科斯提出的问题是：既然市场是有效的，为什么还需要企业？通过提出这个问题，科斯发现，市场是有交易成本的，于是，他就发展了一套关于交易成本的理论。[1] 这一理论后来深刻影响了20世纪晚期至今的经济学家对于真实经济世界的理解。科斯的这项研究，并不是给一个已有的问题提供一个更好的解释，而是提出了一个全新的问题。

哈佛大学塞缪尔·亨廷顿教授的许多研究都不是严格意义上的实证社会科学研究，但他的提问技巧非常高超。1993年，他在《外交事务》上发表了一篇文章《文明的冲突？》，后来这篇文章成为整个《外交事务》杂志自创办以来影响力和引用率最高的论文。他在文中提出的问题是：冷战结束以后，世界的格局将会如何变化？未来将由什么样的冲突主导世界政治？

---

[1] 罗纳德·H.科斯，《企业、市场与法律》，盛洪、陈郁译校，上海：格致出版社，2014年。

他提出了一个可能的方向：具有不同宗教背景的不同文明之间的冲突将会支配未来的全球政治格局。实际上，亨廷顿在这里就提出了一个全新的问题——文明的冲突是否是未来全球政治冲突的主要类型？然后，他提供了一个新的分析框架来解释这个问题。[1]

尽管亨廷顿的观点今天还受到许多批评，但无可置疑的是，亨廷顿确实为我们理解后冷战时代的世界提供了一种全新的视角，至少部分解释了后冷战时代全球政治中的许多重大现象。比如，2001年的9·11事件，或许就可以借助"文明冲突论"的框架得到更好的解释，2022年爆发的俄乌冲突也发生在东正教与天主教的文明交汇地带。

第二个突破的方向是在一个重要的领域给一个既有问题提供一个全新的理论解释。这样的研究，是目前国内外学术界的研究主流，前面我提到的很多例子都是这样的风格，这里就不再赘述。

总结一下，究竟是什么样的研究更能脱颖而出，成为具有重大贡献的研究呢？如果我们把国内外的优秀学者看作是一大群人，其中能真正产生重大贡献的研究的人，占比不到千分之一。这类与众不同的研究，首先是研究议题本身就极其重要，

---

[1] 塞缪尔·亨廷顿，《文明的冲突》（直译为《文明的冲突与世界秩序的重建》），周琪等译，北京：新华出版社，2017年。

是自然或社会领域绕不过去的重大问题，其次是研究者要么提出了一个全新的问题，要么给已有的问题提供了一个全新的理论解释。如果一项研究既非常重要，又有很大的原创性，那么它就有可能成为学术界的里程碑，成为后来学者很难跨越的经典研究。

进一步说，那些伟大的研究有时还不在于它具体的发现，而在于它为我们提供了全新的认知框架或理论视角。许多伟大的研究正是因为开启了新的分析视角，从而改变了我们理解世界的方式。比如，在科斯提出交易成本之前，没有人会以这种方式来思考和论述经济问题。在科斯提出交易成本理论之后，我们就获得了一个全新的分析经济的工具与视角。在实践中，降低交易成本也是推动经济发展的重要选择。

所以，伟大的研究推动的常常是范式的转换，而不是修修补补。每当我有机会跟学生们聊天，我总是鼓励大家去研究重要的问题，力争有重大的发现。而要真正做到这一点，当然是非常困难的。正如我刚刚提到的，这种可以被称为"伟大的研究"的比例不会超过千分之一。问题是，既然我们有些人已经选择做研究，为什么不试试呢？万一梦想真的实现了，我们就有机会为人类的知识和理论做出重大贡献。

第六讲
如何进行有逻辑的思考？

> 博学之，审问之，慎思之，明辨之，笃行之。学问之道也。
>
> ——《礼记·中庸》

这一讲的主题是逻辑问题。在日常生活中，我们能否进行有逻辑的思考？中国人在逻辑方面的主要问题是什么？到底什么是逻辑？我们怎样才能进行有逻辑的思考？这是我们这一讲需要回答的问题。

我们喜欢讲逻辑吗？

这些年，网络上常常有这样一个问题："中国人讲逻辑吗？"当然，这个问题本身可能就存在一个逻辑问题。当说起"中国人"时，它已经是各种各样中国人的统称，有南方人、北方人，有老年人、青年人，有男人、女人，有科学家、金融投资者、公司高管、不同级别的公务员、律师、新闻记者、工程师、滴滴司机、星巴克售货员等——每个人的生活经历不同、教育背景不同、所学学科不同、职业不同，自然，他们的逻辑水平差异也很大。所以，笼统地说"中国人讲不讲逻辑"，恐怕很难成立。因为在这个或者那个问题上，这个中国人或者那个中国人是否讲逻辑，差异是很大的。

尽管如此，在社会生活中，许多公众人物的发言、媒体记者的评论，甚至是学界对重大问题的公开讨论，他们的逻辑是否严密，或者说逻辑性强不强，确实是可以讨论的。这也是我们衡量一个社会总体上是否足够重视逻辑的一个标志。

从我个人的经历出发，我们的教育系统对于逻辑学、对于逻辑训练的重视程度确实是不够的。以我自己为例，我在1990年代中期考入北京大学经济学院，在北大完成了本、硕、博教育，但回顾一下，我发现并没有修读过任何一门叫逻辑学的课程，至少在我读书求学期间并没有修读这样一门课程。后来，我在复旦大学任教，看过国际关系与公共事务学院不少同学的课表和成绩单，似乎也没有看到过一门叫逻辑学的课程，或者至少是我了解的学生并没有专门修读过逻辑学的课程。

所以，即便今天中国已经有不少大学开设了逻辑学课程，我大体上可以说，中国大学教育至少过去对逻辑学的重视是不够的，许多接受过良好教育的人并没有正式接受过逻辑学的训练。这确实是一个很大的缺憾。或许正是由于逻辑学教育的普遍不足，社会上有许多不合逻辑的流行观点或言论。

比如，我们讨论问题时，常常是概念不清的。要知道，概念是语言大厦和理论体系的砖块。如果概念不清，我们就很难进行有效的思考。如果概念模糊不清，我们要表达的思想就是模糊不清的。

在先秦，儒家喜欢讲"仁"。孔子说，"仁者爱人"。我统计过，《论语》中提到"仁"，总共有百余处。但"仁"这个概念在《论语》中，前后有很多不同的含义。所以，到底什么是"仁"，仍然是一个问题。道家的基本概念就是"道"，但"道"到底是什么？我曾经总结过，按照老子的《道德经》，主要有两种理解：第一，"道"是万物的本源；第二，"道"是万事万物背后的法则。问题是，这样解释是否真的把"道"这个概念说清楚了？很多人觉得心中仍有疑问。

比如，我们讨论问题时，常常诉诸立场，诉诸动机。在公共场合的讨论和辩论中，我们经常可以听到这样的说法：你竟敢这样讲，你都这样讲了，还爱国吗？这就是诉诸动机，甚至是直接进入人身攻击了。当有人提出"你还爱国吗"这个问题之后，讨论问题的方向马上就转换了——双方观点已经不重要，逻辑与证据已经不重要，重要的就是立场。

通过诉诸动机、道德绑架，甚至人身攻击，一方或许很快就获得了公共讨论和辩论的优势。但其实，这个问题远比许多人想象的复杂。且不说问题本身的观点、逻辑和证据，单说"是否爱国"这个问题就不那么简单。究竟一个人总是赞美自己的国家更爱国，还是总是批评自己的国家更爱国，这个恐怕都不好说。如果说批评自己的国家就等于不爱国，那么恐怕鲁迅这样的作家可以上"不爱国文人"的排行榜。

比如，我们讨论问题时，还常常用简单的类比思维。在中国，甚至整个东亚，非常流行的一种讨论问题的方式，就是不用严密的逻辑，而是用简单的类比思维。我在《大国的命运》中讨论了日本1941年9月6日天皇御前会议关于日美战争的一次重要决策。[1] 当时的日本已经非常困顿，它侵略中国，占领了东南亚的许多领土，但同时面临英美国家禁运的压力，其能源和资源都面临着供应链的巨大风险。就在此时，在一场天皇御前会议上，日本军部和内阁向天皇汇报，讨论是否要对美国开战。

以理性的角度来看，日本是否应该对美国开战，是一个典型的逻辑问题。姑且不论正义与否，它至少要涉及对国家资源、战略格局、日美实力、国际环境等关键要素的评估，并据此做出理性决策。但令人惊讶的是，在1941年9月6日的天皇御前会议上，负责汇报的日本军部主要负责人却采用了一种高度文学化的类比思维阐述这个问题——当前的日美关系，犹如一个病入膏肓的病人。如果不动手术（即不开战），病人的状况

---

[1] 包刚升，《大国的命运：从政治危机到国家现代化》，杭州：浙江人民出版社，2024年，第299~301页。

将会持续恶化；如果进行手术（即开战），尽管存在失败的风险，但也可能获得一线生机。

这个类比听起来生动形象，但两国关系跟病人病情根本不是同一范畴，两者之间不存在逻辑上可以类比的机制。但这种类比思维在日本高层会议上并未受到质疑，反而成为支持开战的心理依据。从实力对比来看，当时日本在国土、人口、资源、能源、钢铁与工业产出等关键指标上，几乎都不到美国的七分之一。所以，用类比来解决重大决策问题，用文学思维代替逻辑思维，这是当时日本政治精英阶层的认知模式。

再比如，我们讨论问题时，还常常容易出现样本偏差和以偏概全的情况。在日常生活中，我们很容易犯样本偏差和以偏概全的错误。有人拿外国的优点来和中国的缺点比较，就会觉得中国几乎全是缺点；但反过来，拿中国的优点去和外国的缺点对比，就会觉得外国几乎全是缺点。这种比较方式就是以偏概全。

我上课时举过这样一个例子：假设我们邀请一位美国的资深教授来上海参加国际学术会议。如果他主要研究政治学或经济学，但并不专门研究中国，也从未来过中国，假设他年事已高，七八十岁的年龄，在这种情况下，如果会议经费充足，我们会为这位老教授安排商务舱旅行，让这位年长的学者能够比较舒适地跨洋飞行。等他抵达上海浦东机场后，会务组再派一辆别克商务车到机场接机，然后沿着城市高架路，将他直接送到一家设施一流、环境优越的国际连锁五星级酒店。接下来一两天的国际学术会议又在大学设施最好的会议厅举行。会后,主办方还安排这位从未来过中国的美国教授参观上海黄浦江的城市夜景,欣赏外滩和陆家嘴的中国最佳城市景观,然后再将其送到机场。

如果这位美国老教授对中国的理解仅仅停留在这一趟的行程安排中,他很可能会得出一个结论:中国已经是一个发达国家了。但是,这个判断显然是非常片面的。因为他所接触的,不过是中国最发达城市之一上海的少数高级场景。且不说这位美国教授不知道中国西部的经济水平,就是上海普通地段的城郊接合部,他也是完全没有体验的。如果他由此形成"中国是一个发达国家"的判断,那么他的这次短暂旅行更像是一次"样本偏差显著的抽样调查"。他的所见所闻,自然不能代表整个中国。

2021—2024年,我曾经利用暑假,在中国西部多个省份自驾考察,行程已超30000公里。在不少西部县城,我在大众点评APP上很难找到人均消费超过100元的餐厅。这固然说明餐饮消费经济实惠,但也说明当地消费水平和生活方式跟北京、上海、深圳有巨大差距。这种差距的背后,则显出中国不同地区经济发展和人均收入的巨大差距。

2021年5月,我曾经在上海为一名高级外交官主持过一场活动,这位女士曾负责过中国与英国的外交关系。在活动中,这位高级外交官专门提到一件事情——欧盟使团的议员们如果只到过中国最发达的城市,那么根本无法全面理解中国的真实面貌。于是,中国驻欧盟使团就安排一大批欧洲议员到中国贵州的一个县里进行实地考察,还根据欧盟议员的要求,事先不做特别接待的安排,车子开到哪里就停到哪里。因为这样,就可以让欧盟议员看到中国最不发达地区的真实面貌。当这些欧盟议员走完全程,他们才真正理解中国内部的发展差距和中国问题的复杂性。

所有这些讨论,其实都跟样本偏差和以偏概全有关。总之,无论是看一篇文章,还是听一场演讲,我们都应该留神作者或主讲人的立论是不是基于较为全面、系统的证据,还仅仅是某些片面信息的过度展示。如果你今天到美国旧金山湾区考察,你既可以参访最前沿人工智能公司 OpenAI 的总部——就是提供 ChatGPT 人工智能服务的公司——和苹果、谷歌、英伟达的总部,又可以在一些街角看到无家可归者(homeless)和金门大桥等热门旅游区里防止砸车的频繁警示。哪一种信息能代表完整的美国或者旧金山湾区?实际上,哪一种单独的信息都不能。

又比如,我们有时还容易遇到胡搅蛮缠式的说理。假设有这样一个场景,许多人在一个高级餐厅用餐,突然,有一家人的小孩开始哭闹。大家知道,孩子哭闹是常见现象。但问题是,这个小孩在餐厅里哭闹的时间特别长,终于有人忍不住了,于是便去跟哭闹孩子的家长交涉:"这孩子哭闹得太厉害了,都影响到大家吃饭了,你们还是得管一管。"听到有人提意见,孩子的家长不高兴了,反问道:"你一个大人,怎么能和小孩一般见识呢?"

大家有没有注意,当家长的这句话说出来以后,对话的基本问题已经转变了。这位家长并没有回应孩子行为是否得体,家长是否应该对此负责,以及是否影响到了他人的用餐环境,而是把问题转向"大人是否应该和小孩计较"的指责。这就容易使这场本来简单的对话陷入无休止的争论。这位家长的这种回应方式,其实就是典型的胡搅蛮缠。

总之,上述若干情形都是常见的不讲逻辑的表现。

逻辑到底是什么?

讨论到这里,有人会问:逻辑到底是什么?一般的说法是,逻辑或逻辑学是对有效推理和推断原则的系统研究,旨在区分好的论证与坏的论证,并澄清思维的结构。[1]这是什么意思呢?从基本概念出发,逻辑学应该是一种对有效推理、有效论证原则的系统研究。逻辑学关心的是,我们日常所做的推理和论证

---

[1] 常见的英文表述是:Logic is the systematic study of the principles of valid reasoning and inference, aiming to distinguish good arguments from bad ones and to clarify the structure of thought。

是否真的有效。进一步说,逻辑学关心的是,我们日常的论断、观点和言说的背后,是否存在着一个清晰的思维结构。好的逻辑,就是能够进行有效的推理、有效的论证和有效的思考,而不是无效的推理、无效的论证和无效的思考。

即便不讨论学术研究,在现实生活中,逻辑往往也关系到我们提出的一个个观点是否经得起检验。思想市场总是流行着各种各样的观点,其中部分观点可能相当不靠谱,而这些观点的主要特征就是它们经不起逻辑学的检验。比如,现在有这样一种观点:市场经济有利于经济发展。这是一个论断或一个观点。问题是,这是一个好的观点吗?有人会主张相反的观点:计划经济有利于经济发展。甚至还有人主张:过去,计划经济不利于经济发展,但现在有了超级计算机、大数据和人工智能,计划经济就有利于经济发展。面对这样的不同观点,逻辑学就要帮助我们区分什么是好的论断和好的论证,什么不是好的论断和好的论证。这就是逻辑学关心的基本问题。

逻辑学还区分了两种典型的论证方式:演绎(deductive)和归纳(inductive)。演绎是从一般到特殊的推理方式。比如,有人说,人是理性的,因而人会对激励制度做出反应,由此产生的一个推论是,在一个组织中,如果存在着有效的激励制度,那么人们就更倾向于努力工作。这就是演绎逻辑,即从一般原则(理性人假设)推导到特殊情形(某个组织的激励制度有效,则员工工作表现更好)。在社会科学领域,经济学家常常运用演绎逻辑来进行他们的研究。

在物理学领域，像阿尔伯特·爱因斯坦的许多科学发现也建立在演绎逻辑的基础上。因为他所关注的许多重大科学现象，当时在人们的经验世界中尚未有足够的技术手段去观测和验证，但爱因斯坦基于演绎，借助理论上的推断，形成了许多伟大的科学发现。后来，随着技术的进步，他关注的许多科学问题都变得可观测，甚至可运用了。这又反过来证明他基于演绎逻辑的科学发现是正确的。所以，演绎逻辑在自然科学研究中的应用是非常广泛的。

归纳则是从特殊到一般的推理。比如，你认识的三个小朋友，他们学习都非常努力，成绩也都很优秀。由此，你得出一个一般的结论：学习努力的人，往往学习成绩都比较优秀。再比如，你认识的好几个吸烟严重成瘾或者酗酒严重的人，身体都不太好。由此，你得出一个一般结论：重度吸烟或重度饮酒，严重影响身体健康。这就是从特殊到一般的归纳推理。你观察到的现象是一些特殊的个案，但你由此得到的结论却是普遍的理论。当然，这种从少数现象到某个结论的推理能否成立，则是另一个问题。

在政治学、历史学等学科中，我们经常用到归纳逻辑。通过观察一个个的具体事例，我们进行比较、分类和分析，然后从中提炼出一般性的规律。当然，归纳的方式有时会遇到观察样本数量有限的挑战，但无论怎样，归纳都是我们理解世界的一种重要推理方法。

总之，演绎与归纳是两种基本的论证逻辑。

简单问题与复杂问题的逻辑

在实际生活中，我们所面对的一些问题在逻辑上是比较简单的。比如，许多逻辑学教科书反复引用的一个例子是关于形式逻辑中的经典三段论问题：（1）所有人都会死，（2）苏格拉底是人，（3）结论是苏格拉底也会死。这个论断，其实我们很容易理解，也不太容易在逻辑上出错。

再举一个例子，当天下雨时，地面就湿了，或者说没有遮挡的地面会被雨水淋湿。所以，天下雨，就是导致地面湿的原因。这个现象是一目了然的。但问题是，反过来说，如果地面湿了，就能推断出天下雨了吗？这就不一定了。因为地面湿了，可能还有很多其他原因，比如，有人在清洁或施工，所以有大量排水，或者附近水管爆裂了，导致大量积水。所以，关于地面湿和天下雨两者之间的逻辑关系，尽管不一定那么确定，但我们是比较容易理解的。这些都是简单问题背后的逻辑。

而困难在于我们常常面对许多复杂问题。我研究政治学、社会科学这么多年，也常常感慨：当面对社会科学中的许多复杂问题时，我们要进行合乎逻辑的思考、要进行充分的论证，其实是非常困难的。比如，我们至今还不十分确定，经济增长与发展背后的核心原因究竟是什么。目前,学术界大概有不少于六七种主要理论在争论经济发展背后的原因,而每一种理论都有各自的道理。

唐纳德·特朗普在他第二总统任期的头两个月就开始拿起"关税大棒",针对加拿大、欧盟和中国等出口美国商品加征关税。既然白宫加征关税,至少一部分美国政要和政策专家认为,关税总的来说对美国经济是有利的,否则就不应该加征关税。但是,美国一流大学的经济学教授是以反对这种观点和政策的居多。

实际上,关于关税、自由贸易与经济增长的关系,关于关税在美国经济史上的角色,今天依然存在很多不同的看法。经济学的主流观点认为自由贸易有利于经济增长,这是古典经济学和新古典经济学的普遍主张。因为自由贸易降低了国与国之间的交易成本,有助于专业化和市场分工。然而,像英国韩裔学者张夏准就一直主张,英国和美国历史上的较高关税政策是一种符合当时经济需要的理性选择,自由贸易不一定最有利于一个国家的经济增长,不一定最符合该国的经济利益。[1] 所以,即便是贸易政策与经济增长的关系这个在所有经济学理论中相对较不复杂的问题,至今仍然争论不休。

事实上,在政治、经济、社会与国际关系领域,我们还有

---

[1] 张夏准,《富国陷阱:发达国家为何踢开梯子?》,蔡佳译,北京:社会科学文献出版社,2019年。

大量的理论问题没有搞清楚。然而，这些理论问题对我们理解这个世界、形成许多基本判断影响很大。当我们分析一个问题，进行有逻辑的思考，做了相当的研究，最终得到某种结论以后，我们有时还会依据这些结论来决定许多重大政策。所以，如果我们无法在理论上搞清楚这些重大问题，就会非常麻烦。

进一步说，一个国家的精英阶层如何思考，还关系到这个国家的命运。从历史经验来看，一个国家的命运，很多时候都取决于这个国家的精英阶层是如何思考的。如果这个国家的精英阶层经常不能进行有逻辑的思考，制定不恰当的政策，那么，这个国家自然会面临更多的难题或困顿。如今，不只是发展中国家面临这样的问题，发达国家可能也面临这样的问题。比如，如今美国的特朗普第二任期政府的许多重大政策——无论是关税政策，还是俄乌问题，以及大规模削减科研资金等，都引发了很多争论。总统及其精英团队的思维模式不同，就会导致国家的重大政策不同，由此会产生不同的政治经济结果。

既然国家的命运在很大程度上取决于精英阶层的思考方式，取决于他们能否进行有逻辑的思考，今天的大学生和研究生搞明白逻辑学的问题，就非常重要。

如何进行有逻辑的思考？通识教育的角色

问题是，我们又该如何进行有逻辑的思考呢？我这里首先要强调一个前提条件,即通识教育。在我看来,如果一个社会的通识教育搞得比较好,那么人们就更有可能进行有逻辑的思考。

通识教育又称博雅教育,英文是 liberal arts。早在古希腊,雅典城邦就非常重视通识教育,他们把通识教育视为城邦为公民们提供的一种自由公民教育,目的是帮助这里的公民成年后能参与公民大会,能担任法庭大众陪审团的成员,以便他们扮演这些角色时能进行有逻辑的思考,能在投票时做出有利于整个城邦的决策。当时的雅典城邦是一个民主的城邦。城邦的公共事务取决于普通公民们的讨论、投票和决策。如果城邦公民们不能进行逻辑的思考,就有可能胡乱做出决策,而种种胡乱决策的后果是非常严重的。这是古希腊雅典城邦非常重视通识教育的原因。

众所周知,斯坦福大学不仅是全美最好的大学之一,而且以前沿科技和创新引领全美高校。但就是这样一所以前沿科技与创新著称的顶尖大学,却非常重视通识教育。在斯坦福大学主教学楼(Main Quad)的院子里,竖立着一块纪念建校125周年、强调通识教育的铭牌。上面这样写道:

> 通识教育始终是大学教育的核心。在斯坦福大学,人文与科学学院的很大部分在地理上就坐落于整个校园的中央……作为斯坦福最大的学院,人文与科学学院拥有23

个系和24个交叉学科项目。在人文、艺术、社会科学和自然科学课程上,学生学习批判性思考、有说服力的辩论,以及理解本土和全球的文化。他们跟世界知名的教师们一起,推动探索和突破跨学科的知识边界。

这是许多人没有想到的。这所以前沿科技和创新著称、跟许多硅谷著名公司和技术突破有着密切关系的大学,却认为包括人文、艺术、社会科学和自然科学课程在内的通识教育是整个大学教育的核心。

其实,对于现代社会的公民来说,文史哲、政经法、自然科学的基本知识都是非常重要的。如果没有这些基本知识,我们就很难理解这个世界是怎么回事。牛津大学享有声誉的PPE(Philosophy, Politics and Economics)专业,即哲学、政治与经济专业,自1920年代创办以来,为英国和世界贡献了许多杰出人物,其中包括戴维·卡梅伦、里希·苏纳克在内的多位英国首相。

这就体现了通识教育的力量。要想成为英国政界要人,代表这个国家做决策,你必须理解这个社会,理解这个世界。而通识教育最能帮助一个人理解自然,理解社会,理解世界,以及理解我们的过去、现在与未来。倘若一个人从来没有接受过高质量的通识教育,他就缺少一个扎实的基础来理解今天这个已经变得无比复杂的世界。

回到国内的教育，在我看来，今天无论中学还是大学的课程设计，都跟一个比较理想的通识教育体系还有相当的距离。当然，我也欣喜地看到，国内一流大学从21世纪以来越来越重视新型通识教育。比如，北京大学不仅成立了元培学院来重点推动通识教育，还同牛津大学一般设立了PPE专业（哲学、政治与经济专业）。复旦大学自21世纪以来也逐渐形成了课程资源丰富的通识教育体系，并且也开设了PPE专业。我想，所有这些努力都是为了推动中国大学的通识教育。

不仅仅是人文社科专业的学生需要接受好的通识教育，理工科专业的学生同样需要接受好的通识教育。20世纪最伟大的物理学家阿尔伯特·爱因斯坦就非常重视通识教育，他曾经这样说："所有宗教、艺术与科学都是同一棵树的分枝。"爱因斯坦还说："仅仅教给一个人专门知识是不够的。仅仅学习专门知识，他会成为一部有用的机器，却无法拥有内在和谐、充分发展的人格。"我们还可以找到许多案例，证明科技创新的重要启发力量不只是来自科技和市场本身，而且还来自于人文、艺术和通识教育的熏陶。

总之，要想进行有逻辑的思考，前提是你首先得对自然、社会与世界，过去、现在与未来，都有一定的理解和把握，而这就高度依赖于高质量的通识教育。

如何进行有逻辑的思考？社会科学"三板斧"

要进行有逻辑的思考，我们还得掌握一套讨论问题的基本方法。我是政治学教授，从事的是社会科学研究，我这里就免谈自然科学，以免误人子弟，而以社会科学为例，来分享我对如何有效讨论问题的三个认识。我把它们称为社会科学的"三板斧"。

简单来说，要进行有逻辑的思考，无论你主张什么观点，都需要拷问三个问题：概念清晰吗？逻辑严密吗？证据可靠吗？

首先我们要问：概念清晰吗？很多时候，我们在逻辑上的错误，是从概念的错误开始的。关于这一点，本讲开头已经有所提及。无论是在公众舆论场，还是在学术界，我们都有不少所谓的"搅浑水"现象。这个"搅浑水"，往往是从概念开始的。如果充斥着许多假概念，或者模糊不清的概念，我们实际上就无法进行有意义的讨论。

比如，要讨论一个关于"马"的问题，而如果你把"河马"也当作"马"，把"海马"也当作"马"，那就根本无法讨论了。这里以"马"为例，或许你会觉得好笑。为什么？因为这是显而易见的偷换概念或混淆概念。但问题是，社会科学领域有许多抽象概念，它们并不像"马""桌子""摩托车"这些表示某种具体物体的概念那般明了。结果就是给混淆概念留出了大量的空间。当我说出一系列重要概念，比如国家、权力、阶级、合法性、社会主义、资本主义、剥削、认同、自由、民主、权威、支配、财产权、等级、秩序、保守和进步时，你会觉得这些概念都有明确所指吗？当你跟朋友们讨论问题并使用上述关键概念时，你们的所指是同一个事物吗？如果大家用同样的概念，却又不是指同一个事物，我们又如何有效讨论问题呢？

所以，要想进行有逻辑的思考，首先要澄清概念。北京大学社会学系袁方教授在讲授社会学研究方法课程时，强调概念需要在三个方面具有一致性，即概念作为一个名词，概念作为一种抽象定义，以及概念的具体所指。只有当名词、定义和具体所指三者之间都有严格的对应性时，这才是一个有效的概念。[1] 否则，一个概念在学术领域就没有意义可言。我们也无法基于这样的概念进行有逻辑的思考。

接下来我们还要问：逻辑严密吗？我们讨论一个问题时，常常会说"X 导致 Y"。比如，吸烟有害健康，就是吸烟导致健康状况的变坏。在这里，X 是原因，Y 是结果。用社会科学话语来说，X 是自变量，Y 是因变量。

问题是：X 的出现为什么会导致 Y 的发生呢？这里面应该

---

[1] 袁方主编，《社会研究方法教程》，北京：北京大学出版社，2013 年，第 56 页。

存在着某种因果机制。比如，关于吸烟导致健康状况的变坏，原因和机制都是非常清楚的，因为吸烟让人体接触大量有害化学物质，包括尼古丁、焦油、一氧化碳和甲醛等，而这些有害物质会从多方面破坏人体健康。困难在于，在其他许多领域，X 是否导致 Y 的因果机制远不是"吸烟有害健康"那么明确的。有些 X 表面上看起来容易导致 Y 的发生，但其实未必；有些 X 表面上不一定会导致 Y 的发生，但却通过某种隐秘的机制导致了 Y 的发生。所以，能否基于严密的逻辑、可靠的因果机制来讨论和分析问题，其实有着很大的挑战。

很多社会研究方法教科书都会举一个例子：在许多海滨城市，冰淇淋的销量和溺水事故发生率往往成正比，即两者在数量上存在着显著的相关性。问题是，冰淇淋卖得多，就"导致"或"引发"更多的溺水事故吗？答案当然是否定的。显而易见的是，有一个共同的原因既导致了冰淇淋销量上升，又导致溺水事故数量上升，那就是季节转换和气温升高。随着气温升高，人们不仅消费更多冰淇淋，而且更愿意去海滨游泳。而随着海滨游泳人数的增加，溺水事故的发生数量也随之增加。稍加分析，大家就会发现，这个案例的真实原因和因果机制是显而易见的。所以，大家并不容易产生"冰淇淋销量上升导致溺水事故增加"的误解。

然而，一旦问题复杂化，我们就有可能误解许多复杂现象背后的因果关系和作用机制。比如，到底是什么原因、基于何种因果机制导致了国家繁荣或衰败？事实上，这是政治经济学或社会科学最经典的问题之一，学术界对此既有共识，又有分歧。无论你用哪一个关键变量来解释国家的繁荣与衰败，要确认这个变量跟国家繁荣或衰败之间的因果机制，难度都是不小的。这意味着要想确认复杂现象背后的因果机制是非常不容易的。但我们至少应该排除那些显而易见的错误的因果机制，或者对那些很可能存疑的因果机制保持必要的警惕。由此可见，无论是严格的社会科学研究，还是一般的公共问题讨论，要想确定复杂现象背后的因果机制，在逻辑上都有着很大的挑战。

我们要问的第三个问题是：证据可靠吗？要进行有逻辑的思考，非常重要的一点就是要讲证据。那么，什么是证据呢？证据，主要就是事实。虽然现在有人用实验方法或计算机模拟做研究，但在社会科学领域，证据一般是过去发生的事实，是案例、是历史、是过去已经存在的相关数据。

要验证一个新药的效果，最基本的办法就是做对比实验，或者叫双盲对比实验。在这种实验中，参与实验的医生和患者都不知道患者服用的是测试新药，还是对比药物或安慰剂。这样，通过双盲实验，比较实验组和对照组的差异，就能最终验证药物的真实效果，包括新药的关键疗效及其可能的副作用。依靠这种方式获得的证据（其实这也是一种事实），应该是非常可信的。

然而，一旦进入社会科学领域，问题就要复杂得多了。因为这些领域很难像医学一样进行严格的可控实验。比如，这些年国际上有不少学者研究内战何以发生，然后他们会提出各种理论，试图解释内战发生的原因和机制。[1]但问题是，无论这些理论听起来多么有解释力，都无法以可控实验的方式来进行验证。社会科学家们无法在某个国家或社会创造理论上满足内战的条件，然后检验一下内战是否会发生。无论在研究伦理上，还是在实际可操作性上，这显然都是不可能的。跟自然科学相比，这就是社会科学的特殊性。

比较政治研究中有一个经典问题，就是不同政体与经济增长的相关性，即威权政体与民主政体何者更有利于经济增长。我在这个领域研读过许多文献，每一个研究都会呈现自己的证据，并用证据来论证自己的观点。有趣的是，1987—1988年之前的学术文献普遍认为，威权政体更有利于经济增长，但1987—1988年之后的学术文献则普遍认为，民主政体更有利于经济增长。那么，这又是为什么呢？除了理论本身的差异，一个关键因素就是证据覆盖的时间范围不同。说明更早的跨国比较数据更支持前一种理论，而更晚近的跨国比较数据更支持后

---

[1] Edward Newman and Karl DeRouen, Jr., eds., *Routledge Handbook of Civil Wars*, London: Routledge, 2016.

一种理论。[1]

用"三板斧"检验两项著名的理论

我们上文讨论了社会科学"三板斧",即概念清晰吗?逻辑严密吗?证据可靠吗?接下来要用这个"三板斧"来检验过去的两项研究。美国加州大学洛杉矶分校迈克尔·曼教授过去的代表作是多卷本的《社会权力的来源》,然后他又于2008年出版了《民主的阴暗面:解释种族清洗》。在后面这部作品中,他提出了一个新理论:新兴民主政体更容易导致种族屠杀和种族清洗。[2] 问题是,他的这项研究,他关于民主导致种族清洗的理论,经得起逻辑上的拷问吗?我曾经在《读书》杂志专门撰文批评过他的这项研究。[3]

我的学术批评就是基于上文讨论的社会科学"三板斧"。第一个问题是:概念清晰吗?该书主张,民主政体在某些特定

---

[1] Adam Przeworski, Michael E. Alvarez, José Antonio Cheibub, and Fernando Limongi, *Democracy and Development: Political Institutions and Well-Being in the World, 1950–1990*, Cambridge: Cambridge University Press, 2000, pp, 142~186.

[2] 迈克尔·曼,《民主的阴暗面:解释种族清洗》,严春松译,北京:中央编译出版社,2015年。

[3] 包刚升,《民主的阴暗面?》,载于《读书》,2015年第8期,第52~61页。

条件下更容易导致种族清洗。问题是，那些发生种族清洗的政体真的是民主政体吗？比如，曼提到的案例包括希特勒的第三帝国发动了对犹太人的种族清洗。然而，对德国来说，1933年之前的魏玛共和国才是民主政体，魏玛之后的第三帝国就不再是民主政体了。所以，当希特勒的第三帝国对犹太人大搞种族清洗时，曼如何能得出民主政体更容易导致种族清洗呢？他究竟是如何定义民主的呢？这涉及概念问题。

第二个问题是：逻辑严密吗？在历史上，确实有些新兴民主国家内部存在严重的族群冲突，甚至是族群清洗。但问题是，非民主政体下的族群冲突和族群清洗案例并不少。甚至曼提到的不少种族清洗案例，都发生在非民主政体之下。在曼的论述中，多数族群的暴政在其中扮演着关键角色，但问题是，由民主政体到多数族群的暴政，再到种族清洗，这一逻辑链条真的经得起检验吗？假如这个逻辑是可信的，那么如何理解非民主政体下的种族清洗案例呢？这就是论证逻辑是否足够严密的问题。

第三个问题是：经验证据可靠吗？如果系统梳理曼在该书中讨论的种族清洗案例，就会发现：没有一个种族清洗案例是在比较完善的民主政体下发生的。种族清洗要么是在被扭曲的或衰退的民主政体下发生的，要么干脆就是在非民主政体下发生的。既然如此，曼在书中的经验证据和案例分析能支持他的主要论点吗？这是另一个实质性的问题。

尽管曼被学术界普遍认为是美国当代最优秀的政治社会学家之一，但他的这部作品应该说存在着许多逻辑问题，难以经得起社会科学"三板斧"的检验。

另一个学术研究的案例是我在课堂上经常提到的依附理论。关于依附理论本身，我这里不想深究。[1] 大体而言，依附理论在20世纪下半叶曾在一些发展中国家——尤其是拉丁美洲和非洲——盛极一时。但我要强调的是，依附理论尽管提出了许多貌似高深的见解，但凡是相信、采用或借鉴依附理论来指导国家发展的国家，无一例外地没有走上经济快速增长和成功现代化的道路。换句话说，所有依靠依附理论来指导发展的国家案例，全部以失败而告终。既然全球范围内迄今为止尚未出现一个以依附理论指导而实现成功现代化的案例，就足以说明依附理论本身是存在严重问题的。

确实，依附理论有一整套概念体系，有一系列貌似合乎逻辑的理论阐述，还有许多案例和数据作为理论的支持，所以表面上看很有说服力。但是，在真实世界中，依附理论并没有取得任何预期的成果。至于依附理论的逻辑问题到底是什么，有兴趣的朋友们可以做进一步的研究。

---

[1] 可参见：安德烈·冈德·弗兰克，《依附性积累与不发达》，高戈译，南京：译林出版社，1999年；伊曼纽尔·沃勒斯坦，《现代世界体系》（四卷本），郭方等译，北京：社会科学文献出版社，2013年。

通过对《民主的阴暗面》和依附理论的讨论，我给大家展示了如何用社会科学"三板斧"来检验一种新理论或一项新研究。这是一种非常有效的检验方法。所以，无论是公共讨论，还是学术研究，我们都可以不断地拷问：概念清晰吗？逻辑严密吗？经验证据可靠吗？通过这样一种合乎逻辑的检验，我们可以更好地判断什么是好的理论，什么是不够好的理论。

如何训练批判性思维？

在这一讲的最后，我还要跟你讨论如何训练批判性思维。关于如何训练批判性思维，有很多内容可以讲，这是通识教育的一个重要主题。[1] 我这里主要介绍一种很具操作性的训练方法，即对立观点的梳理、比较和反思。

那么，什么叫对立观点的梳理、比较和反思呢？我们知道，很多社会科学的重大议题都有许多不同的观点，有些观点甚至截然相反。比如，某种重大议题，有一种支持它的正面观点，姑且称之为观点 A，还有一种反对它的反面观点，姑且称之为

---

[1] 关于批判性思维的作品，可参见：格雷戈里·巴沙姆、亨利·纳尔多内，《批判性思维》（第 7 版），舒静译，北京：外语教学与研究出版社，2024 年；布鲁克·诺埃尔·摩尔、理查德·帕克，《批判性思维》（第 12 版），朱素梅译，北京：机械工业出版社，2021 年。

观点B。一种有效的训练就是，我们可以先把观点A提炼出来，梳理它的逻辑，并总结它的经验证据，然后再把观点B提炼出来，梳理它的逻辑，并总结它的经验证据。我甚至建议你可以拿出一张A4纸，把该重大议题或问题写在A4纸的顶部，然后中间从上到下画一条线，再把两种互相对立的观点分别列在这条中线的左右两边，包括它们的概念、论点、因果机制、论证过程以及可能用到的证据。通过这样一种对于对立观点的梳理、比较与反思，你不仅能很快明了这一重大议题上的关键理论争论，而且能够让你在经过比较之后，找到自己认为更可信的立场。

这个方法貌似很简单，却非常有效。它能够让你在较短时间内比较深入地理解什么是批判性思维。在此过程中，你的逻辑思维能力就能得到快速的提升。我认为，这是一个非常具有可操作性同时非常有效的做法。如果你能坚持这样一种批判性思维的训练，你的逻辑能力就能得到很大的提升。

第七讲
如何有效开会与进行公共辩论?

> 压制一种意见,就是剥夺整个人类的权利——既包括持该意见的人,也包括反对者。若这意见正确,人类就失去了从错误中转向真理的机会;若它错误,人类也失去了通过与错误碰撞而更清晰地把握真理的机会。
>
> ——约翰·斯图尔特·密尔

这一讲的主题是如何有效开会与进行公共辩论。在大学校园生活中,会议和辩论无处不在——从召集学生社团到学生会活动,从课程学术讨论到大学生辩论赛。学习如何召开有效的会议,以及进行建设性的辩论,对大学生和研究生来说,不仅是一项一般的能力训练,而且是一项有助于提升领导力、公民参与能力的高阶技能。

根据我自己当年读大学的体会,即便是在中国精英大学里,卓有成效的会议并不是很常见。我记得曾经参加过许多学生团体的会议,但有大量会议都非常浪费与会者的时间。这些年,我也参与了部分公共话题的网络讨论和辩论,我的体会是,许多本来可以具有建设性的辩论,往往容易演变成激烈的争论,甚至是互相攻击,最后往往没有多少机会能达成什么有价值的共识。既然今天的大学生和研究生又是未来的社会参与的主体,这也是大家或早或晚都会面临的现实问题。

所以,我认为很有必要跟大家讨论一下有效开会与公共辩论的话题。既然无效的会议很常见,如何能做到有效开会,自然就是大学生和研究生应该关心的问题。而在一般的会议之上,还有专门用来解决公共性问题的会议,既包括政府体系中的议事会,又包括业主委员会、行业协会、公益组织的议事会等。如何有效开好这类公共性很强的会议,还有一整套专门的规则。此外,这一讲还要跟你讨论如何进行有效公共辩论的原则与方法。

为什么会议常常是无效的?

我就读大学本科时,是一个非常珍惜时间的人,所以我依然记得当时参加院系、团委、学生会和社团的许多会议,都有一种强烈的不适感,主要原因自然是觉得会议非常低效。有的时候,我甚至会觉得,明明发个通知就可以解决的事情,非要召集100多人到一个大报告厅,开一个一两个小时的会议,实在是很浪费大家的时间。到了今天的技术条件下，可能许多人会觉得——"这次会议的内容本来用一封电子邮件就可以搞定"，其实是类似的情形。

实际上，我后来在跟人交流的过程中发现，我的这种个人观感，其实跟许多人的感受是比较接近的。无效的会议，不仅是一个大学校园的现象，而且是一个许多组织机构都有的现象。坦白地说，许多政府机构和大型企业在会议上浪费了太多不必要的时间。一种典型的情形是，我们可能开了太多本来没有必要召开的会议。另一种典型的情形是，有太多会议要么效率不高，要么完全无法达成会议的初衷或目标。有一家会议研究与资讯专业机构的调查显示，大约有72%的会议时间被认为是无效的。[1] 换言之，有七成以上的会议都无力达成其目的或目标。

那么，为什么低效会议如此常见？换句话说，糟糕的会议为何屡屡发生？在探讨如何高效率开会之前，我们首先需要做一次"诊断"——找出大学校园和一般组织中导致会议效率低下的常见问题。

一是缺乏明确目标与议程。这恐怕是低效率会议最常见的

---

[1] Atlassian 机构的研究，可参见：https://www.atlassian.com/blog/workplace-woes-meetings#:~:text=Meetings%20are%20ineffective%2072,the%20time。

原因。没有目标的会议，就像一场没有终点的旅程。参与者搞不清楚此次聚会是为了决策、讨论，还是通报，结果就可能漫无边际地讨论几十分钟，最后一事无成。恕我直言，我学生时代参与的许多会议，连基本的议程都没有。这样，许多会议就变成——"我们来聊聊接下来的活动吧"，结果当然是没有重点，没有规划，自然很难有成果。

二是会议准备明显不足。这样的会议从一开始就成了"跛脚会议"。其实，一场会议的成败往往在会议召开前就已注定。一般来说，会议的准备包括两方面：一是具体会务安排，比如预备场地、电脑及播放设备、视频会议设置等；二是内容准备，比如提前给与会者发放相关材料等。当组织者准备不足，或者参与者完全不熟悉会议的相关背景时，会议自然无法成为有效的讨论或决策场所。

三是对与会者的选择与邀请不当。许多会议的效果，很大程度取决于谁参与了会议。单纯拿人数来说，人太多，发言空间被稀释；人不足，该来的人没有来，有些关键讨论就难以推进。对一个学生社团来说，如果本来应该是一个少数核心成员研讨社团发展和规划的会议，硬是开成了整个学生社团的全员大会，那么效果往往不会很好。对一个公司来说，如果要举行一个电子商务转型的研讨与决策会议，但销售部门的关键管理者没有出席，那么这样的会议也很难达成目标。

四是失衡的会议讨论。比如，一个常见场景是，在许多会议中，总有一两位资深成员主导了几乎所有的发言。他们的意见也许很有价值，但当话语空间被少数人高度掌控以后，其他与会者往往就被边缘化了。在有的会议上，少数的两三个人争论很激烈，但其余许多与会者都鸦雀无声。这种高度不平衡的会议讨论，不仅影响会议的决策质量，而且容易让多数与会者感到没有成就感，进而降低了整体的参与度。

五是会议没有成果，亦没有后续跟进。据我观察，许多会议既没有什么会议成果，又没有人负责后续跟进，这样的会议自然是低效率的会议。许多人开会，常常都有这样一种印象——"大家聊了半天，但最后什么都没有决定"。另一种同样的情形是，有时会议做出了某种决策，但并没人记录议程和决策，也没人对会议决策做后续跟进。这样，结果是貌似有了会议决策，但仍然没有行动计划，没有时间节点，没有相关工作的负责人，也就无法把会议决策真正落实。实际上，没有决策，或者有决策但没有后续跟进，就等于没有会议。

六是不必要的会议。一个不能被忽视的问题是，很多会议根本不需要召开。如果只是通报事项、收集简单意见，发一封邮件、群发一条消息，或建一个共享文档就能搞定。在这种情形下，如果"为了开会而开会"，不仅浪费大家的时间，而且还容易打消与会者的热情与互信。所以，我的提议是，凡是会议的组织者与主办者，在每次发起会议通知之前，首先要拷问自己："我们真的需要这个会议吗？"很多时候，不借助会议的信息传递与交换，就能解决问题。

高效率会议的原则与方法

识别问题，往往是解决问题的第一步。我们上文已经讨论了低效会议的常见问题和根源。现在，是时候探讨如何反其道而行之，召开一次真正高效、富有成效的会议。一个高效的会议并非偶然发生，它源于精心的筹划、合理的引导和有效的后续执行。不论你是会议的发起人、主持人，还是普通参与者，理解并掌握一些基本原则与方法，都能显著提升会议的质量。

我这里根据许多前人的经验和著述，总结了对大学生和研究生较为实用的"高效率会议的九大原则"，供大家参考。[1]

原则一：明确会议目标。一场有效的会议应始于一个清晰的目标或任务。发起会议之前，我们就需要问自己，也要让所有参与者明确："这次会议要解决什么问题？要达成什么决策？"举例来说，这个目标可以是确定学生社团某次大型活动的时间和地点，讨论一个全校性学术项目的预算分配，或者仅

---

[1] 关于如何有效开会，可参见：博恩·崔西，《高效会议：让参会的每一分钟都有回报》，王琰译，北京：中国科学技术出版社，2021年；弗雷德·弗朗西斯、佩格·弗朗西斯，《高效会议指南：1小时就能读懂的会议议事规则》（第10版），刘员外译，杭州：浙江人民出版社，2020年。

仅是召集会议，以集思广益的方式来收集创意。但无论怎样，任何一个会议都应该有明确的目标，如果目标不明确，会议很可能只会变成浪费时间的寒暄。

原则二：提前准备议程。会议议程，就是整个会议的"路线图"。它帮助组织者理清需要讨论的主题、安排优先顺序和估算时间，也帮助参与者提前准备，进入状态。会议议程求简洁与清晰，比如，总共安排6项议程，每项议程10分钟；或者安排4项议程，每项议程20分钟等。会议组织者最好提前一两天通过邮件或群组通知，并附上必要文件和资料，比如提案或章程草案，本公司与主要竞争对手的市场研究报告等。

原则三：邀请合适人员。上文提过，对整个会议来说，参会者的人员构成直接决定了会议能否达成目标。当组织一次会议时，我们需要问：哪些人对会议会有贡献？哪些人必须在场，才能保证会议的决策和落实？相反，那些不会带来任何实质性意见、跟会议核心议题无关、只是出于礼貌而被邀请的人，往往不会有很高的参与度。

原则四：准时开始，准时结束。会议是否"守时"，本质上反映了对他人的时间是否尊重。准时开始，展现的是专业与高效；准时结束，体现的是规划与纪律。作为会议主持人或主办者，提前几分钟到场，提供必要资料，迎接与会成员，都是建立互信的重要细节。会议主持人的一个重要功能，就是时间管理。如果会议时间较短，同时议程较多，这时会议主持人的时间管理角色尤为重要。万一会议可能超时,主持人应该适时提问:"我们还需要十分钟完成这个议题,大家是否愿意继续讨论,或留到下次再做决定?"这样,让团队成员自己决定是否延长会议时间,往往是一种更尊重每个人时间的会议安排。

原则五:聚焦中心议题。我的一个观察是,许多会议都会陷入议论多而无成果的困境。所以,会议主办者与主持人要时刻保持对会议主题的聚焦意识,对不聚焦会议主题的发言或者闲聊式的发言要适时引导。比如,主持人需要这样说:"你提出了一个好的话题,但这是一个新问题,我们可以在下次会议安排讨论,今天需要回到我们目前的议程。"至于会议的普通参与者,也应该有这种主动聚焦会议主题的意识,不要做漫无边际的发言和评论。聚焦主题,言简意赅,是与会者的优秀品质。

原则六:用好会议记录。在会议中进行简要的可视化记录,比如利用白板、投影或共享文档等,可以极大提升会议关键信息的清晰度和与会者的彼此协同。特别是,在需要做决策或利用头脑风暴进行集思广益的会议场合,可视化的会议记录非常有助于推动会议的进程。此外,良好的会议纪要还有助于明确相关决策,给决策制定行动计划,以及安排相关的责任人等。等会议结束后,这样的会议记录应该及时发送给所有的相关方,包括那些未能出席会议却跟会议目标高度相关的人。

原则七:营造良好氛围。良好的氛围,是会议成功的又一关键因素。高效率的会议应该营造一种尊重彼此、提高互信和鼓励协作的氛围。主持人尤其要以身作则,当出现不礼貌或攻击性言论,需要及时制止,重申规则。有时,主持人需要强调对事不对人的原则,比如可以这样说:"请大家都聚焦在问题上,而不是针对个人。"同时,整个会议安排增加一些轻松元素,往往有助于营造会议的气氛,比如会议的开场暖场,简短的感谢或小小的庆祝等,都会提升整个会场的士气,让会议变得更有成效。

原则八:明确决策,避免空谈。对一个比较正式的会议来说,"讨论"不是目的,"决策"才是目标。所以,常规情况下,在会议结束之前,会议主办方或者主持人务必对会议形成的决策做总结,同时明确相关任务和责任的分配,以及下一步的行动方案。如果是大学社团召开的会议,最后可以形成这样的会议决议:"我们已确定社团年度活动的时间安排在12月18日,张同学负责场地预订与会务安排,王同学负责活动议程和人员邀请,刘同学负责物料采购与后勤保障。"这样的总结尽管简单,但实际上能保证与会的每个人都清楚下一步是什么,或者应该做什么。

原则九:做好会议后续跟进。会议结束,本身并不代表目标的达成。高效率会议的真正成效,除了有效决策,还在于会议决策的执行与跟进。一个有效的做法是,在会后1~2天,会议主办方或主持人应该给所有相关方发送会议纪要,列出所有行动方案和相关责任人,并设置推进工作的任务单和时间表。

这样,在下一次会议到来之前,就建立起了一整套"计划—决策—执行—反馈"的闭环系统,从而促进目标的达成。

如果你能掌握这九条原则和方法,那么就更容易主办一次高效率的会议。如果有许多人掌握这些高效率会议的原则和方法,那么我们作为一个群体的"会议素质"就会有很大的改进。作为今天的大学生和研究生来说,掌握这些高校会议法则也非常有助于未来的职业生涯。

罗伯特议事规则的起源

在所有会议形式中,有一种较为特殊的类型,那就是专注于公共事务的正式议事会。这类会议的主要特点是:议题通常涉及公共利益或社团事务,与会成员身份平等,决策方式以民主投票为基础。较具代表性的例子包括:各级立法会、地方议事机构、非营利组织董事会、业主大会、学生会以及会员制俱乐部等组织的会议。

关于如何使这类公共性会议高效运作,人们其实早已发展出了一套影响深远的规则体系,即"罗伯特议事规则"(Robert's Rules of Order)。接下来,我们将从它的起源谈起,逐步探讨其操作原则与实际应用。

"罗伯特议事规则"的创立者亨利·罗伯特(1837—1923)原先是一位美国陆军准将和工程师。在19世纪下半叶,他广泛参与地方公共事务，亲历了各种会议的混乱与低效。这些会议常因缺乏规范流程而无法推进议题，要么被少数人操控，要么陷入无休止的争吵与混乱。这种"无效会议综合征"在当时的美国基层政治中也极为常见。

为解决这一问题，罗伯特决定编写一部系统的议事手册，以提供可操作的会议规范。1876年，《罗伯特议事规则》第一版问世，立即受到广泛欢迎。随着社会发展和需求演变，该书不断修订，逐渐发展出两个版本：一是详尽的完整版，篇幅可达数百甚至上千页；二是简明实用版，聚焦会议的关键流程与原则，适用于一般社团和学生组织。[1]

需要强调的是，罗伯特并非凭空发明这套规则。他的理论基础来源于英美两国议会的实践传统。英国议会程序以强调程序公正与辩论自由著称，而美国国会则在规则制度化方面更进一步。罗伯特在总结这两者经验的基础上，发展出了一套适用于更广泛公共组织的议事规则。

我在撰写本章时专门查阅了多个美国机构的公开资料，发现无论是州政府、大学，还是学生团体，都普遍采用或倡导使

---

[1] 参见两个主要版本：亨利·罗伯特，《罗伯特议事规则》（第12版），袁天鹏、孙涤译，上海：格致出版社，2024年；亨利·M.罗伯特三世等著，《罗伯特议事规则简明版》（第三版），孙涤、袁天鹏等译，上海：格致出版社，2021年。

用罗伯特议事规则。例如,犹他州州政府提供了完整的培训手册,指导如何在地方议会中应用该规则;康奈尔大学等高等学府也有专门网页介绍如何在学生组织中合理使用罗伯特规则的相关程序。这些实例表明,这套规则已深深嵌入美国的制度文化之中。

罗伯特议事规则的影响早已跨越国界。早在 20 世纪初,孙中山先生在欧美考察时就注意到了这套规则的雏形,并在其《建国大纲》中设专章讨论会议程序与集会制度。实际上,他所著的《民权初步》,就是他阅读罗伯特议事规则和相关作品之后的中国化版本。[1] 在那个社会组织尚不健全的时代,孙中山先生已敏锐地意识到,一国精英与民众不会开会,就难以实施新的共和政治。

当然,罗伯特议事规则并不适用于所有组织。例如,公司企业的决策机制通常更为科层化,权力集中于高管层或控股股东手中,会议更多具有执行或实施任务的性质。在这种环境下,罗伯特议事规则的平等性与民主协商的特点,反而可能导致效率下降。

相比之下,正如上文所说,这套规则更适合公共事务领域和强调平等参与的机构。这套规则能够帮助这些组织在群体结

---

[1] 参见孙文著,黄彦编,《孙文选集》(上中下),广州:广东人民出版社,2006 年。

构复杂、利益多元的情境中，维持会议秩序、推动有效讨论并实现高效决策。

因此，了解并掌握罗伯特议事规则，对于当代大学生和研究生来说，不仅是一种有用的技能，而且是一种现代公民素养的体现。

什么是罗伯特议事规则？

《罗伯特议事规则》的最新中文全译本得益于袁天鹏和孙涤两位译者的努力。他们不仅完整翻译了原著内容，还从中总结并提炼出十二条核心原则。[1] 接下来，我将以罗伯特议事规则的十二条原则为中心，结合各种实践情境，具体展开讨论。

第一条：动议中心原则

任何会议都应围绕一个"动议"（motion）或"提案"展开。动议是会议的起点，它明确告诉与会者：我们要就什么问题达成什么样的决策。如果一个会议没有明确的动议，就像没有指南针的航船，只会陷入空谈与漫无目的的发言之中。在大学校园中，这种现象并不罕见。学生社团有时会为了"讨论

---

[1] 亨利·M. 罗伯特三世等著，《罗伯特议事规则简明版》（第三版），孙涤、袁天鹏等译，上海：格致出版社，2021年，第 IV~V 页。

未来发展"而召开一个长达两小时的会议，但其实既没有明确议题，也没有具体目标，最后往往不了了之。因此，在任何会议召开之前，组织者必须首先设计清晰的动议。动议不必复杂，但必须明确。例如，动议可以是——"极端天气期间是否要取消本社团的全部线下活动？"或"是否通过学生会关于食堂意见反馈机制的提案？"或"本小区是否需要更换物业服务公司？"这样，会议才能围绕动议展开，避免空耗时间。

第二条：主持中立原则

会议主持人必须保持中立。这不仅是一种态度，更是一项职责。主持人不应表达对动议的支持或反对意见，而应专注于把握会议节奏、维持秩序和保障发言公平。这方面的一个经典例子，就是英国议会召开会议时议长（speaker）所扮演的角色。当保守党与工党的会议辩论有些白热化时，议长会用木槌反复敲击桌面，口中则大声呼喊"秩序！"（order）。在现实生活中，无论是立法会会议还是业主大会，主持人一旦偏袒某一方，不仅会激化冲突，也可能引发程序性挑战，最终使会议陷入僵局。以我个人的经验为例，在担任学术研讨会主持人时，我始终遵循两个原则：一是尽可能少发言，把时间交给与会者；二是即便对某一观点深有共鸣，也不轻易以主持人的身份表态，秉承中立原则。尽管学术会议不是一般的公共议事会，但主持人这样的做法不仅能够营造一个平等的讨论氛围，也有助于增强会议的公信力。

第三条：机会均等原则

会议中的发言权应尽可能公平分配。如果某些与会者已经多次发言，而他人尚未有机会表达观点，那么应优先给予后者发言权。这不仅体现会议的民主精神，也有助于避免信息被垄断。在学生会内部讨论预算时，常见一种情况：部分较为资深的成员因职位或性格活跃而频繁发言，普通成员则较难插话。若主持人不加控制，就会造成"沉默多数"的声音被忽视，损害讨论的全面性与代表性。其实，这可以通过控制发言轮次、赋予未发言成员以发言优先权等方式，来有效实现发言机会的均等化。

第四条：立场明确原则

发言者必须清楚表达对动议的态度：是赞成、反对，还是提出修正建议。模糊的表达会妨碍有效讨论，也会干扰整个议事会判断当前支持与反对意见的分布。尤其在需要投票的会议中，如果许多发言者都不做表态，或者模棱两可，那么会议将难以进入决策阶段。

第五条：发言完整原则

每位发言者应当被允许完整表达其观点。在发言期间不被打断，是会议礼仪的基本体现。若频繁打断，不仅妨碍发言人的思路，也容易激化争论。在大学校园里，比如学生会或学生社团讨论重要事务时，部分性格强势的资深成员常常中途插话打断或抢夺话语权，这种现象一旦普遍化，就会使会议陷入混乱。主持人应当时刻注意维持会议秩序和规则,包括明确提醒:"请尊重发言顺序,每个人都有相应的发言机会。"

第六条:面对主持原则

即使观点对立,发言也应始终面向主持人,而不是直接跟其他与会者"对喷"或正面冲突。这种方式有助于维持会议秩序,减少互相攻击的风险。面对主持的原则在英国议会中体现得尤为典型。议员们的发言或辩论都需遵循面向议长的原则,所以,当观点对立比较激烈时,获得发言机会的议员们有时会频繁地呼喊"议长先生"(Mr. Speaker),而不是直接对彼此喊话。这种设置不仅象征着程序中立,也缓和了许多可能的冲突性表述。

第七条:限时限次原则

控制每位发言者的时间和发言次数,是确保议事会高效和节奏紧凑的重要手段。否则,会议容易被个别人"占领",其他成员难以参与。比如,在一次相关会议上,可以设置如下规则:"每人每轮发言不超过五分钟,对每个议题最多可发言三次。"有时候,为了确保公平,主持人还应主动提醒:"你的发言时间即将结束,请做一个简要总结。"

第八条:一时一件原则

会议讨论必须聚焦于一个具体议题,避免在未解决某项议题前,又跳跃到其他议题。否则,容易导致整个议事会的焦点模糊、讨论发散。比如,在一次业主委员会的例会上,原定的议题是讨论地下车库照明问题,但会议中有人突然提出小区绿化、物业费、监控安装等多项议题，结果每一项都没有讨论清楚，浪费了大量时间。面对这样的情形，主持人应及时制止："请各位聚焦当前议题，其他问题将在以后的议程中单独安排。"

第九条：遵守裁判原则

当会议中出现争议，主持人的裁定应被视为权威决定。即便对裁定有异议，也应通过程序提出，而非现场对抗。主持人裁决必须公平、公正。若主持人裁定偏颇，容易导致会议失控。相反，如果所有人都尊重程序与裁定，即便存在分歧，也能和平协商。

第十条：文明表达原则

任何会议都应基于尊重与理性。人身攻击、讥讽、辱骂都不应被允许。文明表达不仅体现个人修养，也是会议顺利进行的基本保障。在网络公共议题讨论中，情绪化表达往往让人难以专注于事实与逻辑。而在实体会议中，一旦争论上升为人身攻击，往往会造成与会者情绪激烈，难以继续讨论。

第十一条：充分辩论原则

重要议题不应仓促决策，而应鼓励充分辩论。不同意见在公开、平等的环境中交锋，有助于避免仓促决策与偏颇判断。斯坦福大学的审议民主实验（Deliberative Democracy Lab）自2019年以来，一直在从事一个美国社会的审议民主实验研究，他们关注的是美国普通公民在经过充分讨论和辩论后，对政治问题的立场如何变化。结果发现，经过较为充分的讨论和辩论后,公众的立场变得更加温和,专业水平也有所提升。这充分体现了充分讨论与辩论的价值。[1]

第十二条:多数裁决原则

当分歧无法调和时,会议最终需通过民主程序达成决策,即投票表决。虽然这意味着少数人的意见未被采纳,但只要过程公平透明,少数也应该会尊重结果。当然,并非每次会议都必须得出结论。若多数人倾向于"暂缓决策",那么"不做决策"本身也是一种会议决策。

综上所述,罗伯特议事规则的十二条关键原则包括:动议中心、主持中立、机会均等、立场明确、发言完整、面对主持、限时限次、一时一件、遵守裁判、文明表达、充分辩论,以及多数裁决。这些原则是确保一个议事会能够有效有序进行的关键。在国内,我所熟悉的一些 NGO 组织或公益组织也在研究如何有效开会,我所知道的一些业主大会也无法有效开会。因此,如何解决这些实际问题,也就是在不同情境下如何有效开会的问题,是我们都需要面对的。借助罗伯特议事规则,我们有可能形成一个更加有序、平等和有效的议事方式。

---

[1] James Fishkin, Alice Siu, Larry Diamond, and Norman Bradburn, "Is Deliberation an Antidote to Extreme Partisan Polarization? Reflections on 'America in One Room'," *American Political Science Review*, Vol. 115, No. 4 (July 2021), pp. 1464~1481.

当然，上述关于罗伯特议事规则的讨论有一个前提。这个前提，就是所有与会者尽可能要拥有一个相对独立的地位，这是平等议事的前提。如果与会的大部分人没有独立的地位，那么要想实现平等议事，是非常困难的。如果与会者由于种种原因——包括权力、利益或身份的原因，受着各种各样的束缚，无法扮演一个真正平等的议事者的角色，这就使得理想中的罗伯特议事规则无法在会议实践中运转起来。

有效公共辩论的原则

除了会议，大学生和研究生经常接触的活动，还包括辩论或辩论赛。据我观察，许多知识广博、思想活跃的高中生和大学生都参加过学校或院系的辩论队。我自己读书时也参加过高中和大学的辩论赛。我在复旦的同事蒋昌建老师当年就参加过著名的"狮城舌战"，即1993年在新加坡举行的以中文为工作语言的国际大专辩论会。

但问题是，我现在回想起来自己从中学到大学经历的很多辩论赛，其目的主要不是为了追求真理或达成共识，更多是为了展现辩论技巧和语言上的机智。而在政治、经济与社会场域所实际发生的辩论，其目标和特点则差异很大。比如，学术辩论的目的是为了追求真理，政策辩论的目的是为了在公共事务中追求更好的政策。

此外，特别是自媒体兴起以后，我们还有更多机会在一个现代社会的网络空间里讨论诸多公共问题。我们得承认，在互联网和自媒体兴起以后，许多规模不等的公共空间都得到了成长——尽管它们也受到许多限制。问题是，在一个现代社会的公共空间里，如何进行有效的公共辩论呢？

在国内，自从微博和微信时代兴起以来，我也在相关自媒体平台上参与了不少公共话题的讨论，因而也积累了相当的公共讨论经验。当然，总体上，我对目前国内自媒体空间的公共讨论与辩论并不满意，许多本来可以很有价值的公共讨论最后往往沦为情绪宣泄或者彼此撕裂的互相对立。

那么，哪些原则可以帮助我们进行有效的公共讨论或公共辩论呢？无论辩论形式如何——无论是正式的辩论环节、课堂讨论，还是公开论坛、网络自媒体空间等——一些关键原则将会帮助我们成为更有效的公共辩论者。遵循这些原则，既可以帮助我们进行更有效的理性言说，又可以帮助我们保持彼此尊重和维持公共场域的讨论秩序。结合这一领域的相关著述，结合我长期以来对于公共讨论和辩论的观察，我接下来要跟你讨论相关的主要原则。[1]

---

[1] 关于公共讨论和辩论，可参见：Jonathan A. Wolfson, *The Great Debate: A Handbook for Policy Debate and Public Forum Debate*, Totowa: Lightning Bolt Press, 2013。

有效公共辩论应该遵循的第一条原则，就是要进行有效的说理。我们参与公共讨论，如果只是简单地表达一两条意见，那只能算是一些看法而已，而无法形成一个有效的论述。所以，我主张，参与公共讨论或辩论时，我们所要有的不只是一两条意见，而是要有明确的论点、清晰的逻辑、充分可靠的证据。这样的论述，才构成一种有效说理的方式。如果只是表达一两条意见，就无法推动有效的讨论。所以，进行公共讨论和辩论其实也是有一定门槛的。

很多时候，公共辩论的强度取决于我们的内容。所以，我们要尽可能依靠逻辑推理和确凿的证据进行论证，而不是靠夸张的话术或吸引眼球的惊人观点。在这方面，清晰陈述论点，借助有力的证据，包括事实、统计数据或业内专家观点等，并有效解释这些证据如何支持论点，这样的论述方式往往是比较有说服力且清晰易懂的。

比如，如果你认为某项政策改进将会使大学生和研究生显著受益，不要只是说"这将会给他们带来很大的帮助"，而要给出统计数据或具体事例上的支撑。比如，去年的一项调查显示，75%的学生希望增加图书馆使用时间，而当某某大学实施类似政策后，该校图书馆的使用率增加了30%。类似的具体证据往往更能增强我们论点的可信度。在许多著名大学的专业辩论队，辩手们往往会花大量时间去研究证据，并练习学会有效的逻辑论证。关于这方面的内容，你还可以参考本书的第五讲和第六讲。

在公共讨论与辩论中,有效的说理,还需要始终紧扣相关的主题。我的一个观察是,许多自媒体空间的公共讨论,有可能会走向一个跟起初的主题不相关的方向。比如,起初的议题是中国究竟应该对美、对日实施何种外交政策,但公共舆论场有可能走向另一个差异很大的主题——主张何种外交政策才是爱国者。许多公共讨论与辩论在进行过程中,由于各种各样的原因,都会走向与起初议题并不直接相关的方向,这样的公共讨论与辩论就会变得漫无目的。

一个高段位的参与者往往懂得如何恰到好处地引导话题和努力控制议程不偏离基本议题。如果辩论对手已经跑题了,善意的提醒或者有效的纠偏都是必要的。只有保持公共辩论的焦点,才能确保相关议题讨论的深入,并尽可能达成某些预期目标,比如形成一系列重要的共识等。

第二条原则就是互相尊重。互相尊重对于一个现代社会的公共空间尤其重要。有效的辩论建立在相互尊重的基础上。这意味着即使你非常不同意对方的观点,也不要进行人身攻击、侮辱和贬低对方。攻击的是论点,而不是人本身。保持语言文明,用词礼貌,这都是公共讨论与辩论的基本礼仪。

如果对手说了一些你觉得令人无法接受的话,你可以表达强烈的反对意见——但要批评对方的观点,而不是骂他们无知或更糟糕的话语。保持冷静和礼貌不仅仅是为了"友好"——

它实际上能强化你的立场。如果你在压力下保持冷静和尊重，听众会觉得你更可信、更理性；而如果你发脾气或变得粗鲁，人们往往会对你置之不理，或者同情你的对手。礼貌和粗鲁一样具有感染力。营造尊重的氛围，可以提升辩论的水平。记住，绝大部分情形下，公共辩论的目标不是摧毁对手；在理想的辩论中，双方应该对问题有更清晰的理解，而只有在彼此尊重的氛围中才能做到这一点。

与此相关的，还包括我们应该控制自己的情绪。在公共辩论中，情绪可能是一把双刃剑。一方面，对自己立场的热情具有说服力——它表明你对议题的强烈关注，从而在情感层面上能吸引听众。有时，在公共讨论中分享个人故事，甚至还可以更有效地打动人心，使抽象的问题具体化。所以，我们不要害怕恰当地诉诸价值观和情感。在政治类公共辩论中，唤起大众的激情甚至具有其他方式所达不到的动员力量。

另一方面，情绪失控——表现为愤怒、狂暴或攻击性语言——往往会削弱我们参与公共讨论时的可信度与力量感。我们需要提醒自己，任何时候，情绪失控都无助于我们的公共讨论和辩论。即便我们对对手的观点感到非常不满，甚至感到愤怒，我们可以用较为强硬的措辞来表达自己的立场，但不应该带着愤怒的情绪去简单地攻击对方。

据我自己的观察，这方面有三种典型的不利于公共讨论和辩论的做法。第一种做法，就是所谓的"动机揣测"。比如，"你竟然这样说？你都这样说，你还爱国吗？"如果公共讨论一开始就朝着这个方向走，便无法继续下去。大家会发现，在国内的公共舆论场上，上述情况是很常见的。

这种"动机揣测"的做法，往往将讨论者的立场与其人格、价值观，甚至对国家的忠诚挂钩，把本应聚焦于论证和事实的问题转化为一种道德上的审判。在这样的语境中，观点本身不再被当作值得探讨的命题，而是立刻被贴上"背叛"或"别有用心"的标签，从而压制了理性表达与不同意见的空间。长此以往，不仅公共理性将被侵蚀，连"表达不同意见"的正当性也可能被系统性削弱。

第二种做法，就是"人身攻击"。比如，当公共讨论中的观点分歧难以解决时，就开始互相谩骂，进行人身攻击。这些年，国内公共舆论场上，一种典型的互相攻击方式是：一方攻击另一方"你是五毛"，另一方则反击说"你是美分"。一旦讨论演变为人身攻击，就完全无法进行公共讨论了。

一旦公共讨论被人身攻击支配，那么原本围绕政策、事实或理念的争论就会被互相攻击所取代。人身攻击往往只会制造更严重的阵营对立，强化了不同个体和群体之间"非我族类"的敌意，最终破坏公共理性与社会信任。有效公共讨论的前提，是对话而非斗争；否则，任何问题都将无法真正在公共讨论和辩论过程中被澄清或者解决。

第三种做法，就是"资格攻击"。有人说："你有什么资格跟我讨论德国哲学？"这样说话的人，可能是毕业于德国的大学、精通德语和德国哲学的博士或者教授，自认为在专业上高人一等。但是，如果讨论议题关系到19世纪德国哲学家关于自由主义和民族主义论战中对贸易政策的看法呢？一位经济学博士是否也可以这样回敬他："你有什么资格跟我讨论贸易政策？"这类情况，在公共舆论场也很常见，当然会极大地妨碍公共讨论。

当公共讨论陷入这些问题时，讨论本身基本上就停止了。我们不再关心观点本身是否合理，是否有逻辑的支撑和证据的支持，而是变成了相互攻击。互相尊重，不搞人身攻击，应该成为公共讨论的底线。我希望，尤其是年轻朋友们，在大学参与社团活动时，就应该要做到这些。在这个问题上，英国国会的辩论尤其值得学习，两个政治家可以为某项政策争得面红耳赤，但在绝大多数情况下，他们依然保持着理性言说的风格、彼此尊重的习惯和优雅得体的风度。

第三条原则就是公共讨论应该达成某些目标。这些目标可以是知识上的，也可以是政策上的。知识上的目标是指，通过公共辩论，我们能够对某个问题的理解与认知形成某些比较确定的知识。这本身就是进步。政策上的目标是指，通过公共辩论，我们能够推动改善某种社会实践或公共政策的共识。这种结果跟社会生活就更加贴近。这是我接下来要讨论的问题。

如何借助公共讨论推动社会进步?

在现代社会,公共讨论与辩论不仅是一种意见表达的方式,更是一种推动社会演进的力量。一个理性、开放与进步的社会,从来不是某几位精英单方面设计出来的结果,而是无数人,在许多个公共空间中,反复表达、辩论、碰撞与妥协之后,共同塑造的产物。换言之,社会进步往往不是凭借某种"顶层设计的成功",而是"公众互动的产物"。

如果回顾历史,我们就会发现,许多关键性的制度改革和社会转型,都始于公共领域的深入讨论与激烈辩论。在这些过程中,旧的共识受到挑战,新的共识逐步建立,从而推动政策转型与制度创新。

作为一名政治学者,我常常想到公共讨论在国家政治转折点上的重要角色。比如,美国宪法的诞生就不是来自某位主要政治家的"灵机一动",而是一场贯穿数年、深刻而复杂的公共争论的成果。1787年召开的费城制宪会议,本身就是在精英舆论分歧激烈的背景下举行的。在费城独立厅,55位代表围绕联邦制度、国家权力、公民自由、大州小州等问题展开了系统性的阐述、讨论与辩论。即便是1787年宪法草案形成之后,接下来的宪法批准过程仍然依赖于各州人民的多数支持。

为了争取各州尤其是纽约州的支持,亚历山大·汉密尔顿、詹姆斯·麦迪逊等联邦党人以"普布利乌斯"的笔名,撰写了后来被编入《联邦党人文集》的80多篇媒体评论文章,系统阐述宪法草案的政治合理性,有效回应来自许多反对者的批评意见,推动社会公众对宪法草案的支持和认同。署名"普布利乌斯"的这些政治评论文章,既是质量上乘的理论作品,又是一种典型的公共辩论形式,其影响深远,实际上至今仍然影响着美国的公共政治生活。[1]

这说明,公共讨论的价值不只是在语言层面,更关系到共识的形成与制度的革新。在我看来,大学生可能习惯于以大学辩论赛的方式来理解公共辩论。那种辩论赛场上"唇枪舌剑、胜负分明"的训练,固然有助于提升参与者的辩论技巧和表达能力,但在真实社会中,公共讨论和辩论的意义往往要比这个大得多。其最重要的两大功能,一是推动认知深化和共识形成,二是推动政策转型与制度创新。

从认知层面讲,良性的公共讨论让不同观点得以交锋,使个体更有可能超越立场的局限,理解问题的多维性。这种过程不仅有助于纠正个人的偏见,也使整个社会在讨论和辩论中更有可能形成共识。当然,公共讨论和辩论未必都能达成共识,

---

[1] 相关作品可参见:戈登·S. 伍德,《美利坚共和国的缔造:1776—1787》,朱妍兰译,南京:译林出版社,2016年;汉密尔顿、杰伊、麦迪逊,《联邦党人文集》,程逢如译,北京:商务印书馆,1980年。

但哪怕这种讨论和辩论只在部分人、特别是部分精英中形成较为稳定的共识，也足以成为变革与创新的思想资源。

从实践层面看，公共讨论还具有唤起关注、动员资源以及最终促进变革的功能。尤其在一个重要议题刚浮出水面、尚未引起政策系统重视时，公共讨论和辩论往往是推动其进入决策或立法议程的关键一步。当理性的表达积累为广泛的舆论关注，进而引发媒体报道、学界参与、立法提案，一个社会就有可能通过公共讨论和辩论解决真实的社会问题。

比如，美国关于醉驾的法律调整，就是一个经典的案例。1980年5月3日，13岁的女孩卡里姆·莱特纳在加州被一名46岁的醉酒司机撞死。随后，醉酒司机逃离现场。这一悲剧事件促使她的母亲坎迪斯·莱特纳发起了"母亲反对醉驾"组织。这场最初源于私人悲剧的社会运动，通过媒体报道、公众参与与立法游说，迅速引发了全国范围内关于醉驾问题的公共讨论和辩论。最终，"母亲反对醉驾"组织成为了推动美国各州通过更为严格的醉驾立法的关键力量，甚至还影响了全球许多其他国家的醉驾立法。

这个案例说明，公共讨论虽然常常被视为一种软性的力量，但它对公共政策和制度变革的影响却是极为深远的。当然，公共讨论通常也不是孤立发挥作用的，它往往与公众参与、社会运动、媒体关注等机制交织在一起，共同构成推动社会变革和进步的积极力量。

当然，也有人质疑公共讨论和辩论的实际效能，认为它往往容易陷入空谈或空洞的争辩，缺乏实际可见的成果。确实，并非所有公共讨论和辩论都能迅速促成社会层面的真实改革。但正如科学研究需要失败与试验一样，一个开放、包容、理性社会中的公共讨论也未必能够达成立竿见影的成果。但即便如此，只要允许存在公共讨论和辩论的空间，就有助于一个社会保持较为敏锐的问题意识，进而保留了以公共讨论和辩论促成变革的可能性。所以，只要一个社会存在着开放、包容、理性的公共讨论空间，它就始终可能成为共识的孕育场和变革的孵化器。

第八讲
如何脚踏实地？如何仰望星空？

> 你看见事物本来的样子，并问："为什么？"而我梦想从未有过的事物，并说："为什么不？"
>
> ——萧伯纳

这一讲的主题是如何脚踏实地？如何仰望星空？实际上，这是需要平衡的艺术。我长期在大学里教书，每天都接触许多优秀的大学生和研究生。尽管我身边的许多年轻人都很优秀且满怀理想，但最近几年，我越来越能感受到他们身上巨大的生存焦虑。每过一段时间，就会有些同学来问我："我究竟该怎么办？我心中有理想，但现实很残酷。"对于这种现象，网络流行语是："理想很丰满，现实很骨感。"

我想这一讲主要针对的是来自普通家庭和中产阶级家庭的孩子们。确实，对于家庭条件特别优越的孩子们来说，他们的情况会有很大的不同。他们往往有更多的自由空间和更大的选择权。我过去曾代表复旦大学在北京招生，偶尔会遇到一些家境优渥的家长和学生,他们会主动关心哲学或是考古文博专业的情况。我想,这些家长和学生早已超越了基本的生存焦虑,而开始从自己的兴趣出发,去理解自己未来专业选择和兴趣的关系。其实,在西方大学,某些看似冷门的专业就可能会吸引来自顶尖家庭的孩子们。这些孩子的专业选择,不再是出于现实生存的考虑,而是出于自己的兴趣和对理想的追求。当然,对于99%的家庭来说,他们的年轻人通常不会这样从容。许多人不得不考虑如何平衡理想与现实的关系,既要"脚踏实地",又要"仰望星空"。

理解脚踏实地与仰望星空

这里要讲的"脚踏实地"和"仰望星空"是两个常见的比喻。"脚踏实地"意味着你需要解决许多现实问题,包括如何在社会上谋得生存的问题。那么,如何真正做到脚踏实地呢?我们每个人都应该有一套应对现实问题、解决生存压力的技艺和方法。

"仰望星空"意味着你要追求理想,追求高远的人生目标,过一种追逐梦想的生活。那么,如何真正做到仰望星空呢?这也应该有一套相应的技艺和方法。

由高晓松创作的这句话——"生活不只是眼前的苟且,还有诗和远方"——如今已经成为最流行的网络语之一。"眼前的苟且",指的就是我们眼前的困难,每个人都要面临的许多现实问题以及来自生存压力的挑战。

"诗和远方",指的是我们拥有的理想和向往的目标,包括我们对于未来的美好想象。问题是,如何才能将这两者结合起来呢?既能应付现实生活中的许多实际问题,又能保持追逐梦想的美好情怀。这是大家关心的问题。我今天要跟你分享的就是这个问题,即如何脚踏实地?如何仰望星空?以及如何平衡两者?

我们面临许多结构性难题

我是政治学教授,按西方人的说法,是一位"社会科学家"(social scientist)。既然是一位社会科学家,我思考问题时总喜欢看这个问题背后的基本结构。所有问题,首先都是一个结构性的问题。在脚踏实地和仰望星空这两件事情上,我们也面临许多结构性难题。我这里先从许多人感同身受的几个现象聊起。

首先,如今的中国,从学校到职场,似乎整个社会变得越来越内卷。从目前中小学到大学的竞争状况来看,很多年轻朋友们都有切肤之痛。甚至很多人觉得,这种内卷式的过度竞争几乎是无法回避的——除非你选择退出或者干脆躺平。有人甚至觉得,学生时代的内卷现象已经到了让人窒息的程度。许多学者和教育专家也都在反思：这种内卷式竞争到底有没有意义？它能让人成为更优秀的人吗？它能造就更多的顶尖人才吗？我们似乎无法给出肯定的回答。然而，它对今天的许多家长和孩子来说，却是一个无可逃避的现实。无论喜欢也好厌恶也罢，它就在那里。

其次，这十多年的新情况是，中国一线、二线城市的房价总体上是越来越高了。第一套住房，对许多年轻人而言，是一种刚性需求。由此带来的房屋购买成本，就成为一种不可回避的"刚需成本"。这使得许多年轻人产生了极度的生存焦虑感。过去，许多来自乡村、小镇或普通城市的年轻人，通过高考进入一线或二线城市读书，毕业后留在这些城市工作。这曾是一段令人振奋、充满希望的人生旅程。然而，如今，住房成本的大幅攀升给绝大多数年轻人都带来了巨大的财务压力。对于今天想留在北京、上海、广州、深圳、杭州、南京的年轻人来说，他们都在思考同一个问题：面对如此之高的房价，到底应该怎么办？

从数据上看，中国生活在一线和二线城市的人口比例并没有很高，但这些城市在思想文化和舆论领域中的影响力却很大。正因如此，媒体和自媒体空间中弥漫着一种高房价带来的焦虑情绪。在北京、上海、深圳等大城市，绝大多数普通年轻人都能感受到这种压力，这种情绪还具有明显的传导效应。当然，中国目前也还有少数二线城市的房价相对较低，比如长沙。

相比京沪广深，那里的年轻人，实际的生活质量可能反而更高些。但无论怎样，在我看来，大城市的高房价是这一代年轻人普遍存在生存焦虑的主要原因之一。

除此以外，我们还面临着一个重要的结构性原因。我在跟教育专家李一诺博士的一次直播对谈中专门讲到，为什么中国会有这么严重的内卷现象？关键因素在于，中国仍然持一种比较等级化的社会结构。中国家长教育孩子时常常说："吃得苦中苦，方为人上人。"这句话其实很大程度上反映了中国社会的一种真实。这句话反过来解读，如果你不吃苦中苦，就容易成为"人下人"。这是很多家长和孩子真正感觉有压力的地方。不少年轻人跟我说："我不要成为'人上人'，但我也不想成为'人下人'。"正是这种结构大大驱动了内卷式的竞争。

实际上，由此导致的压力很多都跟体制内外、户籍制度所导致的社会分层等级有关。其实，只要能消除由体制性因素带来的身份区隔或社会分层，由此带来的社会内卷压力就会大大降低。当绝大部分人不会因为这些原因而在户籍、购房、教育、医疗、养老、就业机会等方面面临差别待遇时，年轻人的生存焦虑感自然就会下降。

此外，跟这种社会分层等级结构有关的，还包括人与人之间、不同工种之间巨大的收入差距。这对中国社会的内卷式竞争也起到了推波助澜的作用。举例来说，像美国联邦政府公务员的平均年薪大致为10万美元左右，而美国卡车司机的平均年收入也可以达到9万美元左右。卡车司机尽管需要一定的职业技能，工作相对艰苦，但并不需要很高的学历，而他们的收入却跟拥有很高学历的群体相差无几。另一个可以参照的数据是，美国公立大学助理教授的薪水大体上也不会超过卡车司机。所以，在这种社会结构下，普通人就有更多的选择。由此带来的积极影响是，教育阶段的内卷式竞争压力就不会那么大。

总之，我上面讨论的三个问题，对于今天的年轻人来说，或许都不大容易解决的。实际上，这些结构性问题在社会中是无处不在的，而这就是多数普通年轻人所要面对的社会真实。

生存焦虑症患者与空想家

我过去在北大读书，后来在复旦任教，这些年可以说见识过各色人等，许多人都非常优秀。但如果要归纳一下，我所认识的人大体有两个极端。第一个极端，我称之为"生存焦虑症患者"，最近这些年在学生中似乎特别多。生存焦虑症患者，就是常常感觉自己压力山大，整天都觉得自己有无穷无尽的任务要完成，但凡耽误一点时间、浪费一点机会，就担心自己落后了。

这样想、这样做的许多人其实都很优秀，其中一些人也符合"优等生综合征"的特点。他们从中小学开始，就把成绩搞得非常好，始终是成绩锦标赛的人生赢家。进入大学以后，他们又习惯性地进入了一场新的内卷式竞争，时刻都担心自己的成绩是否够保研，读书期间唯恐不能做好充分的准备，还担心毕业后能否找到一份最好的工作。他们从不允许自己在学业或其他表现上落后，始终以很高的标准来要求自己。应该说，在中国的一流大学里，这样的"优等生综合征患者"或"生存焦虑症患者"不在少数。

试问，如果他们不那么焦虑，又会怎样呢？他们的成绩马上会下降吗？不见得。进一步说，时刻被紧迫的生存焦虑感包围，这对他们的个人成长真的是最有利的方式吗？其实，也不见得。这种生存焦虑症患者的一大弊端，就是他们往往容易被周围的考核评价体系左右。相反，许多真正杰出的人，恰恰不再受制于外部的考核标准，而是更在意自己真正想要的目标。拿毕业于复旦大学经济学院的企业家陈天桥来说，他读大学时的一大爱好就是玩电子游戏。假如他不是一个比较高级别的游戏玩家，假如他在校期间天天跟着教授们读文献、做习题，他就无法在游戏产业上取得这样的成就。

跟生存焦虑症患者相对应的另一个极端，是我称之为"空想家"的类型。据我所知，中国的顶尖大学是空想家较为密集的场所。我这里所谓的空想家，是指沉浸在自己的世界里，关注自己感兴趣的事物，过自己想过的生活，而不太关注外部世界对他的要求与评价，更不会时刻关注自己的生存问题。据我观察，许多杰出人物年轻时有不少都是空想家类型的，但确实也有不少空想家完全脱离了现实生活，甚至不具备应付实际生活和现实世界的基本能力。

这一讲的主题是如何平衡好脚踏实地与仰望星空。上文讨论的生存焦虑症患者，大体上在脚踏实地的一个极端；空想家，大体上在仰望星空的一个极端。平衡两者，也就是试图找到一条切实可行的中间道路。如果说这里存在着一条基本原则，那么我的观点就是：在追求理想的过程中解决生存问题和现实问题，然后通过解决生存问题和现实问题来继续提高追求理想的能力和本领。这样，就能兼顾理想与现实，并在这两者之间实现平衡。

如何脚踏实地？结构与要义

我们首先讨论如何脚踏实地，它关乎的是一个人在社会中的生存技能——尽管脚踏实地本身的含义要比这一点丰富得多。

这里先讨论脚踏实地的"常规思路"。一个首要的认知是，一个人在任何国家和社会生活，都会受制于一套结构性的约束条件。我们对此应该要有一个清晰的认识。从这个认识出发，该如何做到脚踏实地呢？总结起来，就是一句话：我们要适应结构性的约束条件，提升自身知识和能力，同时保持较高的努力水平。

有一次，我跟一位长期在美国生活的朋友聊起了中国的高考和美国的"爬藤"问题。这里的"爬藤"，是指一个中学生通过努力被美国常青藤联盟（Ivy League）名校，比如哈佛大学、耶鲁大学、普林斯顿大学，以及同等级别的大学，比如斯坦福大学、麻省理工学院录取，其竞争激烈是可想而知的。

"中国的高考竞争固然很激烈，但美国的爬藤竞争同样也很激烈，只是方式不同。"这位朋友告诉我。实际上，美国藤校的学生有较大比例来自于全美几十所顶尖的私立高中和公立高中。所以，你只有进入这些顶尖中学，并在其中表现出色，才能大大提高被藤校录取的概率。如果是公立中学，那就存在学区问题。越是好的公立中学，一般来说，其地段的房价越高，生活成本也就越高——美国各地教育财政很大一部分是靠房地产税的支持。这就非常考验家长的财务能力。至于私立中学，不仅学费昂贵，而且还会涉及家长捐助等问题。由此可见，除了学生本身的优秀，一个家庭想把孩子送到美国顶尖大学，一个非常现实的结构性条件，就是循着从好的学区，到顶尖高中，再到顶尖大学的逻辑。

我这里的重点不是告诉大家，怎样做才能进入美国藤校就读本科，而是说每件事情都有一个基本的结构——无论在美国爬藤，还是在中国高考。如果从脚踏实地的角度出发，首先要搞清楚所有这些我们关心的问题背后的基本结构到底是什么。

当然，无论是中国还是美国，能够进入一流大学的年轻人毕竟是少数。如果学业表现普通，那又该怎么办？学业成绩不太理想并不意味着一个年轻人就没有成功的机会了。相反，中国这一代最为成功的创业者和企业家，有相当比例都不是来自顶尖大学，比如，马云毕业于杭州师范学院，马化腾毕业于当时刚创办不久、影响还不大的深圳大学，钟睒睒就读于浙江广播电视大学。同时代毕业于一流大学的年轻人，往往更倾向于在大型机构谋得一份稳定而体面的工作，所以反而不会有那么强烈的创业冲动了。马云过去多次提到他年轻时找工作很困难，这反过来为他创业提供了很大的动力。

我从小生活在浙江，身边有许多没有上过名校、甚至没有上过大学的朋友，都在自己所在的行业和领域做得很出色。他们以专业精神、市场精神、创新精神在商海大潮里努力拼搏，许多人都取得了不错的成绩。2025年，大家注意到了一个新兴机器人公司——宇树科技——的案例，其创始人王兴兴并非毕业于著名的北清复交浙南科这几所大学，本科只是毕业于浙江理工大学——其前身为浙江丝绸工学院，硕士也只是毕业于排名没有那么高的上海大学。关键在于，他从小就痴迷机器人技术，同时富有企业家精神，所以能把一个新兴机器人公司干得风生水起。他的成功不在于在中考、高考的赛道上成为第一，而在于让自己投入到无比热爱的事情上去，并以创新的方法、合乎市场的逻辑去赢得成功。当然，市场和创业本身也有其结构性约束条件，年轻人要想获得成功，也需要适应这些结构性约束条件。

所以，要想真正做到脚踏实地，首先要理解每个事物背后的结构性约束条件。我们要学会适应这一结构，不断提升自己的知识和能力，同时保持较高的努力水平。这其实是我们比较容易理解的脚踏实地的常规思路。

讨论到这里，有同学可能会说，这些想法跟我们自己的想法其实也差不多。确实如此，因为这只是常规思路。挑战在于，按照这种常规思路，我们仍然会遇到很多难题，较为典型的有三类。

第一个挑战是，假设我们都努力并达到了外部环境给出的目标，是否就能实现真正的高绩效呢？比如，某个学生天资聪颖，努力学习，从小学、中学到大学一路成绩优秀，但问题是，他实际的学术能力和综合素质真的就很好吗？恐怕未必。

这里的问题在于，很多时候，外部环境给你设定的目标本身就有问题。你追求一个这样的目标，即便达到了目标，却可能离你真正想要的或追求的东西还很远。按理说，如果单就学术而言，大学考察的应该是一个人真正的学术积累和学术能力，但实际上，真正能考核的往往是你对老师们上课讲授的东西的把握和熟悉程度。

我在不同场合都讲过一个类似的案例。有的同学从中学开始就成绩优秀，高考成功外加保研直博，一路读到了博士。等他读到博士，教授们告诉他，既然你读博了，就要做学问、搞科研，然而这位同学可能对从事学术研究并没有什么热情，甚至他一路 A 等的考试成绩并不等于他拥有同龄人中最高水平的学术积累与学术能力。这就是大学成绩考核与学术研究能力两者不匹配的困境。

第二个挑战是，同一外部环境对许多人给出的努力方向往往同质化。今天大家都在讨论内卷。为什么内卷呢？一个重要原因，就是大家做的是同质化的努力。大家做同样的事情，追求同样的目标，而能够达成目标的毕竟是少数人，结果就是大家陷入了内卷式竞争，最后能够在这种内卷式竞争中胜出的总归是少数人。

这种竞争模式当然也会带来许多问题。我在前面的章节专门讨论过，成就卓越靠的不是共性，而是个性；不是在外部环境规定的赛道上奔跑，而是开辟最适合自己长处的新赛道。

第三个挑战是，我们的教育系统有太多的环节要求一个人成为"全能型选手"或"六边形战士"，但全能型选手总归是少数。大多数同学可以在一两个方面表现较突出，而在其他方面则表现平平。这其实是一个社会的常态，绝大部分人无法做到什么都优秀，样样出类拔萃。即便是少数通才式的天才，即便他们能够成为成功的"六边形战士"，但也不意味这种追求全能优势的模式对他未来的成长是最合适的。如果他把更多时间和精力投入到他最有激情和最有优势的一两个方面，就很有可能会取得更杰出的成就,而不只是符合某种体系考核的优秀"六边形战士"。

我经常说,你不能强求爱因斯坦去踢足球或弹钢琴,他的强项就是物理学。爱因斯坦是天才型人物,但在人类历史上,即便像爱因斯坦这样的顶尖人物,也不可能是全能型的,他们通常都有自己的专长和强项,同时还有许多不足。

我在一个传播量很大的视频对谈中曾说过,一个理想的社会应该是由各种各样既有专长又有缺陷的人组成的。大家各自发挥自己的优势,避免自己的缺陷,这样,社会就能形成一个更好的生态。绝大多数人无法适应那种全能型的竞争,其实是再正常不过了。要求一个个年轻人在全能型竞争中胜出,反而是不太正常的。绝大多数人有可能做到的是在自己专长的领域发力,追求某个专项上的卓越。

讲到这里,我想再次强调一下,即面对许多现实压力,我们绝大多数人都需要适应外部的结构性条件,提升自己的知识和能力,保持较高的努力水平。这是"脚踏实地"的常规做法,然而,这种做法的问题在于,即便这种适应现实的常规思路是对的,我们仍然无法克服上面讨论的三个挑战。那么,我们又该怎么办呢?

我进一步的建议是,在常规思路的基础上,我们还需要一个专属于自己的强项。就是说,我们要努力塑造自己的专长、强项和优势。这种专长、强项和优势,不见得是你参加了某个竞赛或者考取了某种证书，而是说你要打造某种社会和市场需要、却只有很少人掌握的特定技艺与能力。这种特定的技艺与能力，往小了说，能够帮助一个人以更好的方式寻求差异化，谋得更好的生存和职业成长空间；往大了说，有可能构成一个人追求理想、完成使命的重要起点。

问题是，我们的教育往往忽视这一点。我们在教育过程中，在成长过程中，往往更关注共性——别人有，我也要，而较少关注个性——我能做什么别人不能做的。但个性才是真正重要的。真正的杰出人物之所以杰出，不是他和别人相似，而是他在某些关键方面和别人不同。这种差异性，正是许多人的成就的由来。

富兰克林与爱默生的告诫

要说脚踏实地，我容易想到两个著名美国人说过的话。被称为"第一个美国人"的本杰明·富兰克林不仅是美国开国之父之一，而且是一位成功的出版商、企业家和科学家。比如，我们都知道富兰克林著名的雷电实验。

富兰克林早年在美国出版了许多图书和出版物，跟普通美国人分享他的见解与智慧。他当时的一部分作品甚至后来还被德国社会学家马克斯·韦伯引用，作为新教伦理在当时的北美殖民地盛行的证据。我记得，富兰克林在他某本书中引用过一句当时很有名的话,大意是:只要你能发明一个更好的捕鼠器,顾客就会踏破你的门槛。捕鼠器是前现代社会在乡村或郊区用来抓老鼠的一种工具。常见的捕鼠器,是一种带弹簧的夹子,上面放着食物作为诱饵,等老鼠前来偷吃食物时,弹簧机关就会启动,然后老鼠就会被夹住,不得逃脱。今天的大城市已经很难见到这种捕鼠工具了。

在18世纪的北美,富兰克林引用这句话的意思再明白不过了:只要你能发明更好的捕鼠器,以创新方式迎合社会需求,那么顾客自然会源源不断。推而广之,富兰克林其实是要告诉我们:你要有自己的专长,然后以创新的方法来解决社会上的现实问题。只要你能做出更好的东西,无论是以更低的成本提供同样品质的商品与服务,还是以类似的成本提供更高品质的商品与服务,你就能获得巨大的成功。这个道理很朴实,却非常有用。

被称为"第一位美国哲学家"的拉尔夫·瓦尔多·爱默生写下了很多讨论人生哲学问题的名篇,比如著名的《论自助》。[1] 在爱默生所处的时代,不少主张自助与自力奋斗的作品都表述过这样一个思想:只要一个年轻人拥有社会所需要的某种技艺,那么他就很容易在社会上立足。换句话说,当一个年轻人

---

[1] 拉尔夫·瓦尔多·爱默生著,吉欧·波尔泰编,《爱默生集》(上下册),赵一凡等译,北京:生活·读书·新知三联书店,1993年。

开始步入社会,要想在社会上立足,如果他拥有社会所需要的某项特定技能,就能轻松找到属于自己的位置;如果他不拥有社会所需要的任何特定技能,就很难在竞争中把握机会。

比如,我知道的一位朋友钢琴弹得非常好,她不仅自己达到了很高的演奏段位,而且非常善于教孩子们弹钢琴。经过她培训和调教的孩子们,钢琴学得又快又好。这样,她的自我定位是给上海高收入家庭提供子女钢琴教育培训,就获得了可观的收入。她既是在做自己喜欢和擅长的事情,又是在帮助孩子们成长。她能这样做,前提是拥有一项社会所需要的技能。

另一位众所周知的人物、新东方创始人俞敏洪老师的事业起点,只是给北京海淀一家出国英语考试培训机构教托福课。他的这种技能,当时也是社会很需要的。谁又能想到,30年前的一位托福英语培训老师竟然能发展出这么大的事业。

所以,爱默生这句话的启示是,无论在哪个领域,我们都可以发展自己的专长,锻造社会所需要的某种技能。如何做到脚踏实地呢?按照爱默生的建议,一个有效的做法就是我们要锻造一项社会所需要的技艺与能力。

脚踏实地的四条原则

基于上述讨论,我这里还要跟你分享脚踏实地的四个原则，分别是：追求完美，超出预期，赢得信任，改进创新。这四个原则各具特色，都有助于年轻朋友们在脚踏实地的道路上稳步前进。

脚踏实地的第一个原则是追求完美，就是要追求工作品质的高质量。现在有很多年轻朋友告诉我，找工作不是很容易。其实，我非常理解这一点。年轻人的就业机会受到经济增速、内政外交的许多宏观因素影响。当这些因素下行时，大学生和研究生的工作机会就会减少。所以，从新冠疫情至今，这些年毕业的大学生和研究生总体上找工作的压力比较大，这是完全可以理解的。但与此同时，我身边一些杰出的企业家和公司高管却告诉我："我们要找到合适的人其实不是很容易，如果有优秀的毕业生，可以给我们推荐。"这里的根本问题是，对许多用人部门来说，做事达到较完美的程度、能完全胜任许多关键岗位的人实在太少。这就是一个有趣的错位，一方面，正在找工作的人发现好的工作机会并不多；另一方面，真正需要用人的机构往往又很难找到合适的人才。

很多年轻人一提起找工作的问题，一般都会用"竞争激烈"来形容。我过去常常跟自己的学生说："如果你做事或工作的品质处在 60 分到 70 分的水平线上，竞争自然是非常激烈的，因为有太多人都处在这样的水平线上。但是，如果你把自己做事或工作的品质提高到 90 分到 95 分的水准，你会发现，满世界都是工作机会，因为哪里都需要你这样优秀的年轻人。"

换句话说，一个社会并不缺少普通的工作人员，真正缺少的是做事达到 90 分、95 分的人。这个判断，对各行各业，大体都是适用的。不管你读的是什么专业，不管你做什么，只要在自己的领域做到 90 分、95 分的水准，那么几乎所有的大门都会向你敞开。哪怕你的起点只是协助他人经营一个奶茶店，只要你把事情做到极致，机会的大门同样会向你敞开。相反，如果你每遇到一件事情都只做到 60 分或 70 分的水准，那么你很快就又不得不去寻找新的工作了。而且你所面对的竞争一定会无比激烈，因为有太多人都停留在这个竞争层次上。

所以，第一个原则是要追求完美，努力把事情做到极致，精益求精。当你完成许多高质量的工作成果，你就会把自己打造成一个人力资源市场争相需要的"优质产品"。只要做到这一点，机会就会主动来找你，而不是你在茫茫人海中再去苦苦寻找各种工作的机会。

脚踏实地的第二个和第三个原则是超出预期与赢得信任。我身边有些年轻的毕业生，他们在离开大学迈入社会的过程中会来咨询我的意见。他们常常会问的问题是：走上工作岗位以后应该注意什么？

我这方面喜欢好为人师，经常不厌其烦地重复两条建议："第一，做事情要超出预期，要超出你所在的团队、部门和机构对你的预期；第二，要努力去赢得人们的信任，赢得团队的信任，赢得所在机构的信任，赢得合作伙伴的信任。"在我看来，一个年轻人如果既做到了做事超出预期，又能赢得人们的信任，那么这个世界的大门就一定会向他敞开。

脚踏实地的第四个原则是改进创新。据我观察，许多机构都处于一种维持现状的均衡状态，甚至是一种暮气沉沉的状态。问题是，这还怎么进步呢？而所有维持勃勃生机的机构都需要不断地改进和创新。关于如何创新，我们下一讲还要专门讨论，这里就不再赘述。

我这里只想倡导一个理念：无论你做什么工作，都要力争实现持续改进。熟悉管理学的人都知道，日本丰田公司创造了一种新的生产方式，被称为精益生产。通过精益生产，企业可以把成本降至最低，把质量瑕疵降至最低，从而实现生产环节的高质量和最优化。而精益生产的一个重要原则就是持续改进。无论你在什么样的工作岗位上，总有改进的空间——工作流程可以改进，技术方案可以改进，品质标准可以改进，顾客服务可以改进，人力资源的招募和培训也可以改进。总之，任何工作都不可能达到完美，而只能趋于完美，既然如此，无论哪里都有我们持续改进的空间。

如何仰望星空？结构与要义

上面我们讨论了如何脚踏实地，接下来就要讨论如何仰望星空。关于这一点，我应该说还是比较有发言权的。我的身边有着许多各种各样"奇奇怪怪"的人,许多人起初的想法看来完全不切实际,后来就能在他自己期望的方向上成就一番很大的事业,令人叹为观止。

我经常对身边的同学们说,如果说人生有三个阶段,那就分别是追求生存的阶段、追求发展的阶段与追求使命的阶段。为什么要追求使命呢?如果说有一个最简单的道理,那就是,每个人的生命都只有一次,我们要努力让自己的生命活出意义。我有时会觉得,许多人来到这个世界都是带着某种使命的——我们活在这个世界上,不只是为了物理意义上的生存,不只是为了物质生活和达成某些世俗目标,更重要的是,我们应当还有精神生活和精神追求。

今天的大学生和研究生绝大多数还需要为功课、为考分而努力拼搏,未来两年还要找工作,在一个新的城市立足。当我在这里讲理想、讲使命时,许多人体会不一定那么深,这是因为人生阶段的不同。但是,如果一些人已经在自己的职业生涯上取得了相当的成就,如何谋得生存不再是一个问题,就可能会思考人生的下一步又该怎么办的问题,会思考一生中还能做哪些更有意义的事情的问题。

比如,一个学者追求的不再是职称的晋升,也不再是所在单位给出的绩效指标——无论是论文数量还是课题经费数量,他思考的就是如何求真,如何在自己感兴趣的领域有重要的新发现,有重大的学术贡献,那么,这样的学者就是在追求自己的使命。

比如,一个企业家到了一定的阶段,生存问题早已解决了——有的人在财富上早已实现充分的自由,那么,他为什么还要继续努力工作呢?我想,他无非也是在追求某种自己给自己设定的使命。即便他的成就最终仍然是以财富等级来衡量的,但他其实也是在仰望星空。当他把某种经营做到极致,他可能在追求技术前沿或产业前沿,他可能是在追求以全新的低成本模式满足顾客价值。在这个过程中,他不只是在解决自己财富增量的问题,而且是在为解决社会问题和技术问题做贡献。

再比如,像一些NGO组织的创始人、管理者和支持者,他们往往是自己在企业界功成名就之后,又成为了公益教育项目的创办人,或者在全球范围内支持学术研究和推动人类进步的科研项目——他们所做的事情同样都是在仰望星空。当我写下这段话的时候,我脑海中就浮现出我所认识的几位企业家朋友的名字。所以,这些内容并非是出自我的虚构,而是来自我的观察。

又比如,那些在公共部门担任相当级别职务的人,如果其关注点不是自己职位的晋升,而是如何真正推动自己所在地方的经济发展与社会进步,如何真正造福于本地的普通民众,那么,这样的人其实也在仰望星空。

专利局职员爱因斯坦

当一个年轻人在生存的泥沼里努力挣扎时,他放眼望去,几乎全是在生存的泥沼里挣扎的同辈人。但如果他能站在高处,就会看到各行各业其实都有不少仰望星空者。

我们都知道,阿尔伯特·爱因斯坦是 20 世纪最伟大的物理学家,但很多人可能未曾注意的是,他从 1902 年到 1909 年曾经长期担任瑞士伯尔尼专利局的职员。1905 年,是爱因斯坦在科学探索上的黄金年份,因为这一年他发表了一系列跟相对论有关的重要物理学论文。而此时的爱因斯坦,既不是欧洲顶尖大学的教授,也不是欧洲著名研究所的研究员,而是瑞士伯尔尼专利局的一名职员。[1]

由于一系列论文的发表,爱因斯坦后来被普遍视为当时最优秀的年轻物理学家之一,但 1908 年瑞士伯尔尼大学聘请他为讲师时,由于这个教职薪资微薄,他仍然不得不继续在专利局工作。直到 1909 年,苏黎世大学新设立了一个理论物理学副教授席位,他经过努力获得该职位以后,才成为全职的大学教师和职业科学家。

---

[1] 沃尔特·艾萨克森,《爱因斯坦传》(精装珍藏版),张卜天译,长沙:湖南科学技术出版社,2014 年。

1902—1909年期间，爱因斯坦在瑞士伯尔尼专利局任职，起初担任助理鉴定员，后来担任鉴定员，就是负责审查专利申请文件是否符合要求的技术专家。他主管的是涉及电气工程类的技术发明。爱因斯坦的具体工作包括分析专利申请内容是否具备技术创新性与实用性，并撰写评语或建议。可见，这7年时间，爱因斯坦只是瑞士伯尔尼专利局的一名普通技术专家。

尽管爱因斯坦只是专利局的一名职员，但他在鉴定专利申请文件之余，每天主要干的事情其实是思考物理学问题。他早晨醒来就是思考物理学问题，下班以后继续思考物理学问题。按照较为世俗的标准，1902年的爱因斯坦已经在事业单位找到了一份稳定且收入可观的工作。如果他没有别的想法，那么他一辈子都可以安心在专利局工作了。如果他足够努力且运气比较好，说不定还能以专利局"干部"的身份退休。

如果爱因斯坦做这样的选择，那么20世纪就失去了一位最伟大的物理学家。用我这一讲的框架，对1902—1909年的爱因斯坦来说，做好一名胜任的专利局技术专家是脚踏实地，每天思考和研究物理学问题则是仰望星空。可贵的是，爱因斯坦用他最宝贵的时间和精力来仰望星空，不断深入地思考最前沿的物理学问题，然后发表一系列重要的论文，最终推动了物理学研究范式的革命。

如果我们有机会遇到1902—1909年的爱因斯坦，你会发现,他既没有显赫的学术头衔,又没有体面的自有住宅和可观的个人财富,但他依然每天都在沉浸式地思考最前沿的科学问题。正是这种热爱与执着造就了爱因斯坦。

流亡者阿伦特

2024年底,我跟刘擎教授在上海做了一场直播对谈节目,讨论日本学者蛭田圭的中译新书《汉娜·阿伦特与以赛亚·伯林:自由、政治与人性》。[1] 正是由于这个原因,我又重新梳理了阿伦特一生的许多关键细节。阿伦特被迫流亡,可以说是她一生中最重要的关键时刻。[2]

1933年,阿道夫·希特勒已经在德国掌权,魏玛共和国退出了历史舞台。就在1933年,阿伦特由于研究希特勒的反犹太主义,被有关当局逮捕并短暂监禁。获得自由后,阿伦特离开德国,流亡至捷克斯洛伐克、瑞士和法国。1940年,德国入侵法国后,阿伦特再次被捕,后在友人协助下,经过一番周折,于1941年流亡至美国。

---

[1] 蛭田圭,《汉娜·阿伦特与以赛亚·伯林:自由、政治与人性》,孟凡礼译,贵阳:贵州人民出版社,2024年。
[2] 参见:伊丽莎白·扬-布鲁尔,《爱这个世界:汉娜·阿伦特传》,陈伟、张新刚译,上海:上海人民出版社,2017年。

这样，35岁的阿伦特首次流亡到英语国家。那个时候，阿伦特的英文还不是很好，她可以读英文，但说英文和写英文的能力还非常有限。当她流亡至美国时，她没有固定的工作——更谈不上体面的工作，没有像样的收入，自己的祖国还跟美国处于交战国的状态。在这种情况下，阿伦特该怎么办呢？后世学人关注的往往是作为20世纪著名女思想家的阿伦特，但此时的阿伦特不得不面对许多非常紧迫的生存问题。

即便如此，阿伦特主要关注的仍然是重大的理论问题。由于德国从魏玛共和国到第三帝国的重大转向，阿伦特开始思考极权主义是如何起源的。1951年，在抵达美国的第十年，45岁的阿伦特完成并出版了用英文写作的《极权主义的起源》。[1]这本书奠定了她作为20世纪杰出思想家的地位。正是由于这部作品的出版，她在美国所享受的待遇也完全不同了。这里暂不讨论这部作品的重大学术价值，单就阿伦特个人生活而言，当仰望星空的工作结出丰硕成果之后，原本紧迫的生存问题也迎刃而解。1950年代，她开始成为纽约社会研究新学院的一名教师，并在1967年获得正教授的头衔。此外，她还曾受邀担任包括普林斯顿大学、芝加哥大学在内的多所美国大学的讲师或访问教授。由于声名鹊起，阿伦特后来有机会

---

[1] 汉娜·阿伦特，《极权主义的起源》，林骧华译，北京：生活·读书·新知三联书店，2014年。

从多个基金会获得研究资助。从1951年出版《极权主义的起源》开始，她还陆续从自己出版的多部畅销学术作品中获得可观的收入。

1941年，汉娜·阿伦特首次抵达美国时，是一个德国流亡者，英文也不够好，面临许多紧迫的现实问题，但她依然在仰望星空，把自己最主要的时间和精力投入到对极权主义的研究。最终，由于一系列重要作品的出版，阿伦特成了20世纪重要的政治思想家。这就是阿伦特作为一个流亡者仰望星空的人生经历。

数学家张益唐：从困顿到顶尖

我最近两次到哈佛大学和斯坦福大学访问，都能听到许多北大校友跟我讲起华裔数学家张益唐的故事。张益唐祖籍浙江，出生于上海，1978年考入北大数学系，完成本科和硕士阶段的教育后，赴美进入普渡大学攻读博士学位。在普渡大学攻读博士学位期间，他跟导师在学术上发生过冲突，也就是说他跟导师的关系不是很好。

正因为如此，他毕业时没能得到导师的推荐信。加上当时苏联解体，大量苏联数学家涌入美国求职，张益唐拿到博士学位后就没能在美国大学找到教职。许多人也知道，美国大学的教职竞争是非常激烈的。这样，张益唐就开始了在美国长期漂泊不定的生活，许多时候他不得不靠打零工来维持生活，有时还不得不借住在朋友家的地下室。后来，受到北大校友的帮助，他担任过北大校友投资开设的一家赛百味连锁店的会计，主要工作就是处理简单的账目问题。显然，这份工作用不到高深的数学知识。

应该说，此时的张益唐处于困顿和蛰伏期。以世俗眼光来看，当时的张益唐并不成功。他本科和硕士都毕业于北京大学，又是美国普渡大学博士，一般人肯定会问他："你在美国做什么？你当数学家了吗？"此时的张益唐不仅没有做职业数学家，而且连一份稳定且体面的普通工作都没有。从具体工作来看，他似乎也已经偏离了要成为数学家的雄心。

尽管如此，张益唐其实还一直在仰望星空，他的脑海里满是数学问题。在赛百味做会计，对他这位数学博士来说，远不是一份足够好的工作，但这份普通工作可以解决他的生活问题，并且让他有大量时间思考数学问题。

一个合理的推断是，张益唐应付日常生活的能力，恐怕比许多名校毕业生还要低一些。为什么呢？因为如果他应付日常生活的能力足够强，那么在遇到职业困顿时，他很可能会转向其他方向。毕竟，人总要在社会上生存。以我的理解，从数学博士转向统计分析师、金融分析师都是顺理成章的，而这些工作通常都会带来更丰厚的收入。但这些职业也有着比较高的工作强度，估计很难让张益唐再有充分的时间来研究他时刻关注的数学理论问题。所以，在脚踏实地和仰望星空之间，他并没有选择转向其他收入更体面的行业，而是继续思考他最热爱的数学问题。正是这种个性与人生选择成就了后来的张益唐。

从1999年开始，由于受到友人的帮助和推荐，他开始担任美国新罕布什尔大学数学系的编外讲师，主要讲授微积分等课程。在美国的大学体系中，这并不是一个重要的学术岗位，收入也不丰厚，但它成了张益唐重返学术界的重要平台。此后，张益唐除了完成必要的教学工作量，他可以心无旁骛地沉浸式思考和研究自己关注的数学理论问题。

2013年4月，张益唐在美国《数学年刊》上发表了一篇与孪生素数猜想有关的文章《质数间的有界间隔》，首次证明了存在无穷多对间隙为有限的质数。这被美国和全球数学界视为素数研究领域的一项重大成就。由于这项发现的重要性，《自然》《科学美国人》《纽约时报》和《卫报》等学术杂志和主流媒体纷纷报道了张益唐的事迹。在张益唐发表这篇著名论文之前，《中国科学报》的报道这样说：在一般人看来，张益唐在大学任教，年近60岁还只是个讲师，没有子女，经济不宽裕，无疑是个学了很多无用知识的人生失败者。[1] 2014年，张益唐

---

[1] 汤涛，《张益唐：孤独的数学家》，载于《中国科学报》，2013年7月19日，第5版。

获得代表美国顶尖专业成就的麦克阿瑟奖,他的工作得到了世界的承认。

对许多人来说,张益唐的故事是一个奇迹,也是一个人生传奇。张益唐博士毕业后,曾经历长时间的人生困顿期。以世俗标准来看,这一时期不仅他自己,而且他的家人都面临着许多来自外部的社会压力。当许多人为世俗标准而改变人生航向时,张益唐一直在仰望星空。他这样说:

> 几十年前有一句话,好像说人的生命、追求、价值不是取决于你取得的东西,而是在你的追求中。德国剧作家莱辛说:"对真理的追求比对真理的占有更为可贵。"爱因斯坦就喜欢引用他的话。即使我没有成功,也不会觉得太遗憾。我在这个追求的过程中还是觉得很有价值的。[1]
>
> 有人问我如果你出不来,是不是觉得一生就毁掉了?我觉得没什么,我活得好好的。[2]

---

[1] "庾信平生最萧瑟,暮年诗赋动江关" 张益唐说,这就是他的心境,载于《钱江晚报》移动客户端"小时新闻",https://act.thehour.cn/epaper/article/2015-08-22/3137633。
[2] 张益唐:"弯路"里走出的数学天才,新华网,2015年8月28日,https://www.xinhuanet.com/politics/2015-08/28/c_1116408805.htm。

一位企业家朋友的故事

我自己是一位大学老师,所以对科学界和学术界的情况更了解,但我在企业界也有许多朋友,所以也会关注很多企业界仰望星空的案例。这些故事同样令人肃然起敬。比如,我经常有机会见到的一位企业家朋友,他是清华校友,目前是一家较大规模上市公司的创始人和CEO,也是中国科技新兴产业领域里一位较具代表性的企业家。

有一次,他邀请了上海学界朋友们一起聚餐。在饭桌上,就有人问他:"你能讲讲你自己的故事吗?你现在这样成功,过去又是怎样的?"这位企业家朋友就开始讲自己的创业故事。他的公司成立于2012年,2019年在深交所上市,2021年市值高峰时突破1000亿,公司是国内某科技产业细分领域的龙头。在所有这些成就的背后,他提到了一个令人无限感慨的细节:"其实,我们公司在2015年、2016年,甚至2017年都还非常艰难,每个春节,我都在思考同一件事:马上要过年了,同事们的年终奖在哪里?明年开春,经营公司所需要的钱又从哪里来?"

按照他的说法,每年年底,他们创业团队的钱、其他投资人的钱和所有能借来的钱都已经全部花光,但年终奖却没有着落。当时的情况是,虽然公司业务在不断发展,但并没有实现盈利,也不知道何时能实现盈利。所以,那几年的年关都是这位创始人的难关。

这样说来,每个辉煌故事的背后可能都有常人无法想象的困境。这位企业家早年毕业于清华大学,后来又赴美留学,他毕业后完全可以在国内外大公司做一份稳定且高薪的工作,比如去谷歌、博通、华为或字节跳动这样的公司,以他的实力和能力都可以拿到非常丰厚的薪水和待遇。但他没有选择这样做,而是选择了创业。

对许多人来说,这种创业所带来的艰辛和压力都是难以承受的。我想,在这位朋友创业的艰苦岁月里,真正支撑他的并不是要解决自己的生存问题。因为他只要放弃创业,去一家大公司就职,很快就能解决自己的生存问题,但他并没有这样做。为了梦想,他一度将自己置于一个连生存都很难有保障的境地中。所以,这位企业家的创业其实也是在仰望星空。

直到2018年中美贸易战,美国开始考虑限制对中国芯片的供应,国产芯片才迎来了重要的市场契机,这位朋友的公司由此才进入发展的快速通道。"如果不是特朗普发动贸易战,限制对华芯片供应,我们当时能否坚持下来,确实不好说。"他这样说道,表现出一贯的低调和对不确定性的敬畏。确实,当一个人仰望星空时,其实还要承受外部巨大的不确定性所带来的风险。

仰望星空的原则

当然，仰望星空并不是随随便便就能做到。真正能够仰望星空的人，绝不仅仅是站在原地幻想的人，而是那些具备清晰目标、坚定意志与切实行动力的践行者。仰望星空不是靠一时的情绪冲动，而是要有一套完整的内在原则与实践方法。在我看来，仰望星空需要四个关键因素的匹配，分别是：梦想、路径、意志与创新。

首先，要有梦想。凡仰望星空者，皆有梦想。一个人的梦想，决定了他仰望星空的高度。像爱因斯坦这样的科学家追求真理，像阿伦特这样的思想家思考政治，像张益唐这样的数学家解决素数难题，或者像许多企业家这样克服困顿、创造传奇，都是因为他们内心深处有一个不灭的梦想。

其次，要找到路径。梦想不是空中楼阁，而是需要找到一条切实可行的路径。路径意味着计划、资源、能力的整合，以及对现实环境的评估。很多人尽管心中有梦想，但缺乏有效的实现路径。从这个角度讲，真正仰望星空者，必然脚踏实地，因为只有脚踏实地才能创造一条通往梦想的路径。

再次，要有强大的意志力。仰望星空的道路，绝非一条坦途，甚至许多人都会面临严重的挫败与巨大的困顿。尽管埃隆·马斯克今天是美国政坛上很有争议的人物，但他早年以 SpaceX 为载体投身太空探索，仍然是仰望星空的杰出案例。起初，马斯克的雄心曾因连续的火箭发射失败与巨大的财务危机而几近破灭。到了 2008 年，在经历了三次失败的发射之后，公司濒临瓦解。但是，马斯克并未放弃，而是坚持推进第四次发射，最终获得成功，并赢得了美国国家航空航天局的合同，挽救了企业。[1] 这个案例也提醒我们：凡仰望星空者，必经风暴；唯有意志强大的人，才能穿越风暴。

我身边不少有着巨大成就的朋友，他们身上往往都有着一种强大的生命意志。因为这种强大的生命意志，很多人来到这个世界，不是为了适应现有的规则，而是为了创造更好的规则。如果没有强大的生命意志，普通人连这种想法都不会有。

最后，要有创新的方法。仰望星空的目标，很多时候都要靠创新的方法才能达成。让我用一个简单却重要的案例来说明这一点。众所周知，印度的圣雄甘地是 20 世纪最具影响力的政治人物之一。早年间，甘地在英国学习法律，取得律师资格后前往南非，为南非的印度侨民处理法律事务。之后他回到印度，此时正值印度从英国殖民统治中争取独立的关键阶段。然而，当时印度民族独立运动已经陷入僵局：上层精英希望通过与英国谈判获得自治权，但英国始终拒绝实质性让步；下层民

---

[1] 沃尔特·艾萨克森，《埃隆·马斯克传》，孙思远、刘家琦译，北京：中信出版社，2023 年。

众倾向诉诸暴力，但在军事上，英国殖民当局显然占据压倒性优势。

面对这种两难局面，一般人会认为难以突破了。但是，甘地结合自己在南非的政治经验，提出了一种全新的社会运动形式——非暴力不合作运动。这一策略既不同于精英的妥协，也区别于民众的暴力抗争。它是一种完全不同于既往的政治创新，既占据道义高地，又避免直接军事对抗。这样，尽管英国是一个殖民政权，却是一个尊重法治和程序正义的殖民政权，甘地的这种创新抗争方式显示出了强大的力量，最终推动印度成功地走向自治和独立。[1] 甘地的案例也说明，当仰望星空面临种种困境时，我们很多时候都需要新的认知、新的工具和新的方法，即经由创新才能达成最终的目标。

对年轻朋友们来说，一个极端是只关注如何生存，另一个极端则是一味追逐梦想而忽视现实。但在这两者之间，完全有可能存在着一条中间道路，即实现脚踏实地与仰望星空之间的平衡。在本讲开头，我曾提出过一个根本原则："在追求理想的过程中解决生存问题和现实问题，然后通过解决生存问题和现实问题来继续提高追求理想的能力和本领。这样，就能兼顾理想与现实，并在这两者之间实现平衡。"

---

[1] 克里希纳·克里帕拉尼，《甘地传》，张罗、陆赟译，成都：四川人民出版社，2017年。

简而言之，我们要学会脚踏实地，同时也要仰望星空。当然，保持这种平衡并不只是一个愿望。它需要我们具备清晰的认知框架、扎实的知识能力，以及切实可行的路径与方法。特别重要的，是如何跨越许多人都会遇到的重重困境。实际上，每个人都会遇到困难——无论他多么强大或成功。特别是，当一个人的理想超出了他所拥有的资源和能力时，困难几乎是不可避免的。这并不是谁的特殊处境，而是一种普遍的人类困境。面对这种困境，仅仅依靠坚韧是不够的，我们还需要创新的思维与方法，去打破现有的边界条件对于创新者的束缚。

是的，我们每个人都是一个有血有肉的生物存在，都要面对物质世界的约束与日常生活的琐碎。但是，与此同时，仍然有许多人希望将自己的人生与生命，跟更大的时空联系起来，甚至与永恒相连。因此，我们仍然不应该放弃仰望星空。通过仰望星空，我们才有机会去实现一个更有意义的人生。

第九讲
如何成为创新者?

> 想象力比知识更重要。因为知识是有限的,而想象力囊括整个世界,想象力推动进步并孕育演化。
>
> ——阿尔伯特·爱因斯坦

这一讲的主题是如何成为创新者。创新的重要性毋庸置疑,我这里要跟你讨论如何理解创新的本质及其原则。谈及创新,你可能会关心创新为何如此重要?什么样的人更容易成为创新者?创新者需要具备哪些能力?假如你想成为创新者,那么又该如何发起一项新事业呢?这一讲的对象主要是抱负较高的大学生和研究生。

更需要支持创新的文化

创新何以重要?这个问题几乎是不言自明的。但我要提醒的是,除了少数前沿科技部门和工商业部门,中国的家庭、教育和社会对创新的重视程度还是很嫌不足。我在复旦大学讲授政治学原理的课程,在政治文化这个专题上,常常会用到一个重要的数据库,即世界价值观调查(World Value Survey)的数据。这项大型全球政治文化与价值观念调查,是由密歇根大学政治学教授罗纳德·英格尔哈特等人牵头发起的,旨在用民调和数据揭示不同国家民众的政治态度和价值观念的差异。

在这个调查的开头,就有一个问题,是让被调查者从11种品质中,选出5种在他们从小的家庭教育中被反复强调的品质。这11种备选品质分别是:

(1)礼貌;

(2)独立;

(3)勤奋;

(4)责任感;

(5)想象力;

(6)宽容和尊重他人;

(7)节俭;

(8)决心与毅力;

(9)宗教信仰;

(10)不自私(无私);

(11)服从。[1]

---

[1] 相关问卷,可参见世界价值观网站的网页链接:https://www.worldvaluessurvey.org/WVSDocumentationWV7.jsp。

在这11种品质中,第5种品质是"想象力"。如果说有些国家在家庭和学校教育中比较强调想象力,那么在中国的家庭和学校教育中,想象力是一个很少出现的关键词。我们往往会强调一个人要努力学习,要吃苦耐劳,要节俭,要服从,要遵守纪律和规则,要尊重长辈和老师等。这些品质当然都很重要,但我们很少会强调跟想象力有关的品质。跟想象力有关的品质还包括一个人的好奇心、创造力与首创精神等。尽管每个家庭不一样,但在整体上,好奇心、想象力和创造力这些品质在中国教育体系中是很少被提及的。

殷海光在《中国文化的展望》一书中认为,中国文化的基本特征包括注重社会等级、强调社会规范、长老至上、强调地位等,这些恐怕都不利于一个社会的好奇心、想象力与创造力。[1] 因为好奇心、想象力与创造力都有某种质疑现存事物、挑战既有规则和开创前所未有的新局面的倾向。

殷海光也很赞同胡适对中国文化的许多批评意见。殷海光在书中这样说:

> 我们中国的社会有一个最大的毛病,就是不许人有自己的主张,不许人有独立的思想……我们从小在家庭里,在学校里,受的是一种压抑个性的教育,一种损害人独立

---

[1] 殷海光,《中国文化的展望》,北京:民主与建设出版社,2024年。

性的训练。

实际上,胡适大概在100多年前就写下了相似的文字。他认为,中国社会有一个非常严重的问题,就是整个社会氛围和教育常常是不鼓励个性的,相反是摧折个性的。尽管他讲的是过去的中国,但今天是否还在相当程度上存在这样的问题呢?这是一个值得我们所有人——无论学界、政界、工商界还是教育部门——反思的问题。

现代世界的一切都是创新的成果

今天,我们生活在一个现代化的世界。而现代世界的一切,我们所享有的全部生活,实际上都是创新的结果。今天我们享用的所有新技术,几乎都是在过去的200年、100年,甚至20年、10年里面不断涌现出来的。

正是这些创新,改变了我们的生活,也塑造了全新的世界。现在大家每天都离不开的智能手机,其发明和普及至今不到20年。再看看高速移动互联网的广泛运用,至今大致也是这样的时间。今天生活里的所有新鲜事物,无一例外,都是创新的结果。

创新,常常被视为经济学家关心的问题。但如今主流经济学的一个突出问题,就是过于关注均衡,而对创新重视不够。

无论是美国的经济学教科书，还是中国的经济学教科书，都有一种很强的关注均衡的导向。当你翻开经济学教科书的导言，它就会告诉你，经济学是研究稀缺资源配置的学科。而资源配置的基本方向，就是市场均衡如何达成。所以，今天的主流经济学主要关注均衡，而非关注创新。

但如果从真实世界出发，经济学最应该关注创新，而非均衡。约瑟夫·熊彼特则贡献了完全不同的经济学思维，他在1911年出版的《经济发展理论》中就明确指出，经济发展的核心就是创新（innovation）。那么，什么是创新呢？熊彼特用"创造性破坏"（creative destruction）这个概念做出了解释。他这样写道，资本主义经济——

> 不断地从内部使这个经济结构革命化，不断地破坏旧结构，不断地创造新结构。这个创造性破坏的过程，就是资本主义的本质性的事实。它是资本主义存在的事实和每一家资本主义公司赖以生存的事实。[1]

简而言之，创造性破坏包含了两个层面的含义：一是破坏旧的事物，二是创造新的事物。不断地用创造新事物来破坏旧

---

[1] 约瑟夫·熊彼特，《资本主义、社会主义与民主》，吴良健译，北京：商务印书馆，1999年，第147页。

事物，这就是创新的过程。

试想一下，仅仅是智能手机这一个新产品的出现，究竟破坏了多少旧事物呢？像我这个年龄的人，对传统照相机和胶卷还有记忆。过去胶卷市场的竞争何其激烈，富士和柯达两家是全球胶卷行业的两大竞争对手。但最终，他们发现，最大的竞争对手并不是彼此，而是智能手机。同样，过去传统媒体之间的竞争也很激烈，无论是电视媒体，还是平面媒体，但到了如今，他们最后发现，传统媒体的真正对手并不是其他传统媒体，而是智能手机及其带动的新媒体。

这些现象都说明，创新不仅仅是变化或者改变，更是一个"创造性破坏"的过程。创新，既摧毁了旧事物，同时又创造了新事物，由此塑造了一个日新月异的世界。

企业家精神的重要性：硅谷经验

我们今天的世界，正处在人工智能时代的起点上。尽管人工智能的发展已经有一段时间了，但从长时段来看，今天还只是人工智能时代的起点。2025年上半年，我修改这部书稿时，正好在美国斯坦福大学做高级访问学者。而斯坦福大学、硅谷以及更大范围的旧金山湾区正是人工智能的全球创新高地。拿美国市值最高的7家著名高科技公司来说，有4家的总部都位于斯坦福大学周边20公里的范围内，基本上都是开车30分钟就能抵达的地方。这4家著名的高科技公司是苹果、谷歌、Meta（原Facebook）和英伟达。可见，斯坦福大学就处在全球科技创新前沿高地的中央。

从长期视角来看，今天的人工智能产业还只是处于起步阶段，该产业未来会创造多少价值和市场规模，我们目前还无法预见。在硅谷的小范围聚会上，有英伟达管理层的人跟我讲，英伟达创始人黄仁勋在内部讲话中已经提到，未来人工智能产业所能创造的GDP，可能是50万亿至100万亿美元级别的。实际上，今天全球所有国家的GDP加起来也不过是100多万亿美元，假如人工智能产业未来真的能创造出50万亿或100万亿美元的GDP，其市场规模和可能的机会是今天难以想象的。

问题是靠什么去把握这巨大的产业机会呢？在我看来，最重要的恐怕还是企业家精神。企业家精神的本质，就是创新精神，就是熊彼特意义上的"创造性破坏"的精神。在国内学界，北京大学的张维迎教授一直强调企业家精神的重要性。他认为，中国经济发展的关键，乃在于创造有利于发挥企业家精神的环境。[1] 在我看来，美国硅谷的成功就在于它创造了一种特别有利于发挥企业家精神的制度、政策与文化。

2025年上半年，我在斯坦福大学访问期间，就经常听到

---

[1] 张维迎，《重新理解企业家精神》，海口：海南出版社，2022年。

类似的故事。比如，斯坦福大学计算机专业最强的大一新生之一，一个美国年轻人，已经成功创业两次，并把初创公司都出售套现，如今一边读大一，一边正进行第三次创业。再比如，生物和医学方向的华裔博士生，毕业后（或未毕业）的首选就是创业，而非去任何大学、科研机构或顶尖药厂工作。这正是斯坦福大学不同于哈佛大学、普林斯顿大学的地方。相比于美国其他一流大学，斯坦福大学恐怕是一所最具企业家精神的大学。

2025年2月的一天，从我在斯坦福大学的办公室出发，我开车到附近的英特尔总部参观。当我参观后准备离开时，我对门口的工作人员说："英特尔是一家伟大的公司。"没想到的是，这位英特尔的工作人员听到我的话以后，竟然沉默了两秒钟，然后才答道："我希望你说的是对的。"听到这句话，我只好会心一笑。

为什么会发生这样的对话呢？其实，像我这个年龄的中国人，基本上是听着"Intel Inside"的广告音效长大的。在我读大学和研究生时，或者说是20世纪末、21世纪初的几年中，几乎所有的商学院教科书都会把英特尔作为一个不断创新的经典成功案例。当时，英特尔是全球中央处理器（CPU，即Central Processing Unit）芯片市场的领导者，市场份额长期占据第一，并且遥遥领先于自己的所有竞争对手。英特尔主要的创始人之一安迪·格鲁夫所著的《只有偏执狂才能生存》，不仅是全球而且也是中国的管理学畅销书，其本人被无数企业家和管理者视为硅谷企业领袖的典范。[1]

但问题是，在最近一二十年里，英特尔这家曾经的芯片领导者公司却落后了。一个鲜明的对比是，我从英特尔总部出来，开车一两分钟就到了英伟达的总部，英伟达如今是图形处理单元（GPU，即 Graphics Processing Unit）芯片市场的领导者，到 2025 年上半年，市值已经高达英特尔的 20 倍以上。英伟达的快速发展，主要就是发生在最近 10 年时间里，尤其因最近两三年人工智能产业对 GPU 市场的推动而发展最为迅速。[2]

那么，英特尔为什么会落后呢？为什么在距离短短两公里的范围之内，就出现了一家芯片产业的新的全球霸主呢？我不大研究企业问题，但如果要下一个简单的结论，那就是：由于英特尔过去的成功，使其后来陷入了官僚主义的组织病症，企业家精神衰落了，创新能力随之逐渐丧失。只要创新精神缺失，不管一个组织过去拥有怎样的辉煌，最终都会变得僵化，裹足不前。那么，英特尔公司还能创造新的辉煌吗？这就要看他们的新管理团队能否激活英特尔的企业家精神了。

---

[1] 安迪·格鲁夫，《只有偏执狂才能生存》，安然译，北京：中信出版社，2002 年。
[2] 斯蒂芬·威特，《黄仁勋：英伟达之芯》，周健工译，北京：中国财政经济出版社，2024 年。

存量还是增量？未来属于创新者

在我看来，这个世界上的事物可以分为两类：一类是存量，另一类是增量。存量是指到目前为止已经存在、已经积累的东西，但增量才是决定未来的关键因素。而增量，都需要通过创新来实现。如果你想创造增量，你就要成为创新者。

在2016年复旦大学国际关系与公共事务学院新学年的开学典礼上，我曾以教师代表的身份发言，题目是《未来属于创新者》。我将这次演讲的主旨跟你分享一下：

> 公元1486年，一位36岁的热那亚人来到了西班牙首都马德里，他此行的目的是要来寻求一笔风险投资。当他跟当时西班牙最富有的一对夫妇进行谈判后，那对夫妇对他的商业计划书始终疑虑重重，谈判以失败告终。
>
> 这位热那亚人走出这对夫妇的府邸时感到无比绝望，他充满幻想的商业计划不仅在英格兰、法国、意大利、葡萄牙无法得到资助，而且在西班牙也失败了。
>
> 然而，时隔6年之后，就在他感到走投无路的时刻，那对西班牙夫妇派人找到了他——他们最终决定资助他的商业计划。他，欣喜若狂。
>
> 这位热那亚人名叫哥伦布，他的商业计划是要发现新

大陆，那对夫妇则是西班牙女王伊莎贝拉一世和国王斐迪南二世。数月之后，哥伦布率领他的船队发现了美洲。由此，新的全球史得以展开。

哥伦布，是创新者。

正是由于哥伦布的创新，地理大发现才真正成为可能。没有地理大发现，就没有后来的全球化。但是，我们如果换位思考一下，如果你生活在500年前的欧洲，你有可能做出这样的选择吗？如果有人告诉你："现在，我们已经知道地球是圆的，所以，只要一直往西走，就有可能抵达印度。"你会去从事这样的远洋探险吗？或者，如果你是一个足够有钱的人，你会出钱去资助这样的远洋探险活动吗？我想，回到1492年之前，绝大部分人都会觉得这一定是疯了吧？你不踏踏实实过日子，有时间不多陪陪家人，不努力挣钱买个大房子，不搞好下一代的教育，去折腾这些不着调的事情干什么呢？所以，伟大的创新者都不是普通人，他们的想法跟绝大部分人截然不同。

我继续说：

> 事实上，世界正是由哥伦布这样的创新者推动的。
>
> 当查尔斯·达尔文发表进化论时，那还是一个上帝创世说主宰的世界。达尔文是创新者。
>
> 当亚当·斯密倡导自由市场经济时，欧洲还处在一个

盛行重商主义的时代。斯密是创新者。

当福泽谕吉力主"脱亚入欧"时，日本还在传统与变革之间摇摆。福泽谕吉是创新者。

顺便说一句，如今查尔斯·达尔文、亚当·斯密、福泽谕吉三人的头像都印制在英镑、日元的纸币上，代表了一个国家对他们的认可。

当爱因斯坦发表相对论的第一篇论文时，那还是一个牛顿力学范式所支配的物理学世界。爱因斯坦是创新者。

当孙文呼喊"创立民国"时，中国还是一个皇帝统治的国家。孙文是创新者。

当马相伯老校长1905年以自有资金创办复旦公学时，中国还只有官办大学与教会大学。马相伯是创新者。

当厉以宁、吴敬琏这一代经济学家30年前呼吁市场经济时，中国还在是否要摆脱计划经济体制的道路上徘徊。厉以宁教授是北大校友，吴敬琏先生是复旦校友。厉、吴是创新者。

这些创新者要么改变了人们对世界的认知，要么直接增进了社会的福祉。

这里，我再顺便分享一下我所知道的两位经济学家的故事。大学时，我曾有幸听过厉以宁教授《转型发展理论》一个学期的课程。[1] 他能成为创新者，能成为中国改革开放时代最具代表性的市场派经济学家，跟他的个人经历是分不开的。1955年从北京大学经济系毕业后，尽管他在北大留校了，但由于过去所犯的"政治错误"，无法进入当时非常主流的政治经济学教研室，而是去了经济思想史和经济史方向的教研室，他甚至还做了北京大学经济系资料室的资料员。正是这种安排，使得他在那个计划经济理论和苏联教科书主导的时代，有机会接触大量的英文经济学资料，从而使得他在1980年代初成了中国经济学界最懂西方经济学、欧洲经济史和西方经济思想史的主要学者之一。由此，他才成了中国市场化改革和股份制改造的主要倡导者之一。

吴敬琏教授的经历也很特别。虽然他当时受的是传统的政治经济学和计划经济理论的教育，但在1983年，他获得了去美国耶鲁大学做访问学者的机会。这样，50多岁的吴敬琏就成了耶鲁大学经济学课程的旁听者。正是这个经历，让他发现了一个完全不同的经济学世界，使他开始思考如何构建中国市场经济的理论体系。[2] 回国后，他成了中国市场经济改革的倡导者和鼓动者。

我又接着说：

---

[1] 参见：厉以宁，《转型发展理论》，北京：同心出版社，1996年。
[2] 吴敬琏，《吴敬琏论改革基本问题》，上海：上海三联书店，2021年。

我最担心的是,你们是否具有成为创新者的勇气?!

如果一篇论文、一部专著和一项研究,几乎得到所有同行的赞同,那么这样的作品很可能没有提供多少新理论、新方法与新事实。要知道,新事物的诞生,通常都会遭到质疑与嘲笑,甚至被视为异端。然而,异端往往是创新的征兆。并非所有异端都是创新者,但所有创新者一开始都可能被视为异端。如今的主流,都是曾经的异端;今天的异端,也可能是明天的主流。

所以,我们大可不必因为他人的赞同而感到欣喜,因为我们或许只是附和了成见;我们也不必因为他人反对而感到沮丧,因为我们或许正在给一个领域开创新路。

短期中,创新者可能会遭遇重重阻力,面临种种挫败,甚至使自身置于险境。有人会告诉你这个不可能,那个做不到;这个不正确,那个有风险。但是,长期中,世界的未来正是创新者所形塑的。

对诸位同学来说,在既有的世界中努力奋斗,无疑也有望成为优秀的人,但这种优秀不过是在既有秩序中获得了一个较高的位置。唯有创新者,是开创新世界的人,是新事物的催生者、孕育者、推动者和成就者。长期来说,世界今天的样子,不过是一代代创新者一路行走的足迹。

……

今天既有的一切终将消逝,未来属于你们这一代,未来属于创新者。[1]

风格各异的创新者

关于创新,我们还可以分成三个层次来理解:第一是个人层次,第二是组织层次,第三是系统层次。关于系统层次,就是国家或社会的层面,这更多是一个政治经济学问题,不是我这本书要讨论的重点。如何创造一个更有利于创新的组织,也是一个重要问题,但这主要是一个管理学或组织学的问题。

我们这一讲的重点,既不在于系统层次,又不在于组织层次,而在个人层次,即从个人角度去理解创新,也就是个人如何才能成为一个创新者?这就跟创新者的精神气质有关。

许多人都会问:什么样的人更有可能成为创新者?彼得·德鲁克认为,有效管理者是风格各异的,无法用特定的类型学来归纳有效管理者的风格与个性。在我看来,成功的创新者同样是风格各异的。

有些创新者,看起来就非常犀利,不仅分析问题一针见血,而且做起事来非常果断。确实有这样的创新者类型。又有些创

---

[1] 包刚升,《未来属于创新者》,复旦大学国务学院 2016 年迎新典礼上的教师代表发言,参见相关网址链接:https://sirpa.fudan.edu.cn/81/4a/c35035a426314/page.htm。

新者一开始就立下了"我要搞个大事情"的宏伟愿景,然后每天以伟大的构想来激励自己和团队成员。只要他自己画的蓝图成功了,他就会被视为一个了不起的创新者。然而,还有一些创新者看起来可能普普通通,他们甚至没有做过多少了不起的事情,他们每天的工作只是做一点小小的改进。但这些改进积累起来,最终竟然成了了不起的创新。所以,不同的人有不同的创新风格,有不同的创新路径。有些人仿佛天生就要"做大事",有些人不过是做些"日拱一卒"的微小改进,但他们都有可能是成功的创新者。

从条件来看,有些创新者仿佛是在万事俱备的情况下才开始创新的,但有些创新者是在逆境中受环境的压迫,正是非同寻常的困境促成了他们的创新。所以,创新的条件也是多种多样的。有一种很流行的看法认为,如果一个人的条件并不优越,家境普通,学历一般,财力不够,他就无法成为创新者。但过去的经验是,并非万事俱备的条件造就了创新者,相反,不少创新者恰恰是在困境中发现了创新的动力,实现了创新的突破。

在过去30年中,全球最成功的作家恐怕非J.K.罗琳莫属。自1997年《哈利·波特与魔法石》首次出版以来,这位英国作家不仅风靡全球,也成为最具影响力、最富有的作家之一。但很少人知道,关于哈利·波特的最初灵感,其实并不是在一间舒适或豪华的书房里诞生的。那是1990年,罗琳还只是一个生活拮据的年轻女性,刚刚经历母亲去世的打击,独自一人从曼彻斯特前往伦敦。在那趟长达 4 小时的火车旅途中,她望着窗外出神,脑海里突然浮现出一个瘦小、戴着圆眼镜的小巫师形象——哈利·波特的故事就这样悄然开始了。据她自己回忆,当时没有笔,她只能努力将灵感记在脑海里。

1993 年,罗琳结束了一段并不愉快的婚姻,带着女儿回到苏格兰,成了一个财务状况非常窘迫的单身母亲。为了寻找生活的出路,罗琳把多年前的灵感记在一张咖啡厅的餐巾纸上,并于 1995 年完成了《哈利·波特与魔法石》的初稿。该书一经出版,就获得了巨大的成功。[1]

所以,很多伟大的创意,常常诞生于最平凡甚至最困顿的时刻。拿作家来说,大量绝妙创意都不是诞生在舒适豪华的书房,而是诞生在火车上、咖啡馆里、一张餐巾纸的背面。罗琳开始写作时并没有财富与荣耀,只有想象力和坚持。但正是这些东西,成就了哈利·波特这一系列具有全新创意的伟大作品。

许多伟大的思想家也有困顿不堪的经历,而正是这种困顿不堪成就了他们与众不同的思考和作品。意大利思想家尼科洛·马基雅维里(1469—1527)就是其中一位,他因著有《君

---

[1] 康尼·安·柯克,《J.K. 罗琳传》(英文注释版),北京:中国人民大学出版社,2007 年。

主论》而闻名于世。他原本是佛罗伦萨共和国十人执政团的秘书，也是一位外交官，但到了后来，佛罗伦萨发生了贵族复辟，马基雅维里不仅失去了公职，而且一度被捕入狱。受尽折磨之后，在重要友人的帮助下，马基雅维里才得以解脱，重获自由，而后转移到佛罗伦萨郊区的一座普通农庄过起了耕作的生活。

正是这样，马基雅维里白天从事耕作，养活自己，晚上则回到自己的房间，点亮油灯，换上过去的朝服，开始思考和写作。他放眼整个西欧，敏锐地意识到，当时16世纪初的西班牙和法国已经在民族国家构建的道路上稳步前进，但意大利仍然是一块邦国林立、分崩离析的土地。马基雅维里开始思考，意大利的未来到底在哪里？

深思熟虑之后，马基雅维里认为，意大利需要通过一个强大的君主，才能创造出一个全新的民族国家。正是受到这种想法的激励，他终于在1513年完成了《君主论》。[1] 所以，正是因为马基雅维里身处困境，才最终在思想上成就了不朽的名篇。

创新者的首创精神与勇气

尽管创新者是风格各异的，但他们确实拥有一些共同的

---

[1] 尼科洛·马基雅维里，《君主论》，潘汉典译，北京：商务印书馆，2005年。

特质，比如许多人都敢于"打破一切常规"。敢于突破现状的主动性、好奇心、想象力与创造力——综合起来就是首创精神——是创新者个性的核心特征。如果一个人在个性上缺乏主动性、好奇心、想象力和创造力，那么他就缺乏创新者的精神气质。

问题是，据我观察，我们的许多学校教育、家庭教育——包括我们的许多老师和家长——是否真的在鼓励年轻一代去勇于创新呢？

有一天，我跟一位我很尊敬的前辈聊天，聊的就是关于孩子教育的话题，当时他的孙辈就读于初中。这场对话的内容是这样的：

> 我问："你们家孩子现在读书怎么样？"
>
> 前辈答道："他学习成绩不错，就是有一个缺点。"
>
> 我好奇地问："他有什么缺点呢？"
>
> 前辈接着答道："他有时候就是太听老师话了。"
>
> 听到这里，我故意追问："大家都认为听老师话是好事情，你怎么会觉得他太听老师话了是缺点呢？"
>
> 前辈回答道："如果一个人小时候只懂得听老师的话，听家长的话，按照他们的指令来做事，那么，等他长大了，自己要走路的时候，他该怎么办呢？"

他的这番话，让我陷入了沉思。但我敢说，中国只有很少比例的家长和老师拥有这样的教育理念和思维。其实，这种教育理念就包含了对孩子的自主性、主动性和首创精神的关注。只有下一代年轻人中不断涌现出具有这种精神气质的人，社会才有更大的进步空间，国家才有更大的发展潜力。

在创新者的个性因素中，还需要特别提醒的一个重要因素就是勇气。很多时候，创新都需要巨大的勇气。按照熊彼特的说法，创新是"创造性破坏"，是实践某种前所未有的新想法和新做法。但问题是，这个世界过去都不是这样的，你为什么要这样做呢？所以，创新者首先需要面对的就是各种质疑。

我曾经写下这样一句话：这个世界上的许多大门，往往是为那些有勇气的人敞开的。他们相信，在一个即便看似封闭的世界里，总藏着可以通向未来的入口，关键在于是否有勇气去寻找、去尝试打开那扇门。

也许有人会说："我看到的不是一道道的门，而是一道道的墙，那又该怎么办？"我想说的是，创新者并非总是处于理想状态，而是常常会面临某种困境——当他们看不到门而只能看到墙时，就试着在墙上开一扇门。

勇气，并不意味着鲁莽和蛮干，而是一种这样的信念：即使当下看似无路可走，也要设法找到一条通向未来的路。在困顿中依然坚持前行的勇气，往往是创新者的关键特质。

假如你是 1980 年代的经济学家

假设你是 1980 年代的一位经济学家,比如说,1982 年你在中国某所大学担任经济学教授。通过深入研究和探索,你发现当时主流教科书里讲的计划经济理论是错的,而中国真正需要的是市场经济理论。

那么,接下来你会怎么做呢?你无非面临三种可能的选择。第一种选择,是你意识到这个观点太危险了。毕竟,在当时,所有中央文件和官方文本都还没有明确提出"市场经济"这个概念,大家谈的还是"计划经济"或者"有计划的商品经济"。在这样的政治环境下,你虽然发现了真理,但这个真理在政治上过于敏感,最稳妥的处置方式可能是将它封存起来,束之高阁。这是第一种态度。

第二种选择,是你决定不能沉默。你开始写内参,就是给上层决策者写专题研究报告,指出计划经济的问题,并主张试行市场经济制度。你这样做,当然是希望这些意见能够影响政策。但问题是,内参起作用的前提,是这些意见真的能够被看到、被重视和被采纳。但许多内参报告都无法抵达上层决策者的案头,所以它们也不会发挥什么作用。另一种情形是,有人写了内参,也得到了上层批示,但要想转变为实际落地的政策,则还有很遥远的距离。

此外，还有第三种选择。第三种选择是什么呢？你不仅认清了计划经济体制的局限性，也坚信市场经济道路的唯一合理性。于是，你决定采取更主动的方式。你不仅在学术会议上发言，还尽可能撰写论文、出版专著，甚至抓住各种机会参与公开演讲和社会讨论。我们知道，在1980年代做这样的选择，毫无疑问是需要勇气的。但正是这种对真理的坚持，对思想的捍卫，才真正带动了后来的政策转向和制度创新。

在20世纪末中国经济改革的过程中，有少数经济学家在1992年以前就已经在公开场合明确主张市场经济。这一点非常重要。他们并不是在政策转向之后才"事后诸葛亮"，而是在尚不确定的年代，就敢于公开呼吁、积极推进政策转向。因此，他们的贡献是不言而喻的，也是1992年之后才转向支持市场经济的经济学家们所无法相比的。

这就对应了我前面讲的三种选择：第一种是发现了真理却选择沉默；第二种是发现了真理却仅限于内部表达；第三种是在尽可能大的范围内勇敢和公开地发声，用论文、著作、报告、演讲的方式，把自己正确的观点传播出去。在中国过去的几十年里，正是那些具有创新精神和勇气的经济学家，推动了经济政策领域的思想解放，给中国社会带来了非常深远的积极影响。

其实，少数经济学家做出第三种选择，跟创新者的精神气质有关。如果你渴望成为一个推动改变、践行创新的人，就需要具备这样的精神气质与思维方式：敢于打破一切常规，要具备主动性、好奇心、想象力和创造力，不要畏惧成为首创者，而要有创造新事物的勇气。

创新者的能力准备

创新者光有特定的精神气质是不够的，也不是单靠某种创新的思维方式就能实现创新，我们还需要在能力和知识上做充分的准备。如果你没有足够的知识和能力准备，那么许多所谓的创新可能就是瞎折腾而已。所以，这里还要讨论创新者的能力准备。这种能力准备有四个支柱：一是基础性能力，二是前沿性能力，三是干中学、学中干，四是承担风险。

首先是基础性能力。就是说，你想要创新，你先要成为这个领域的专家，需要深刻理解这个行业的本质和特点。有人会问，成为专家，是不是要成为学者、成为教授？我其实不是这个意思。你懂得工程技术，你就是工程技术的专家；你懂得机械技术，你就是机械技术的专家；你知道怎么开奶茶店、开咖啡厅——因为这些领域也有许多专门知识——你就是奶茶店专家、咖啡厅专家。

总之，你必须很深入地理解这个行业。只有真正理解这个行业的本质，你才有可能在这个基础上再去做创新，并达成创新的目标。如果没有这种基础性能力，所谓的创新恐怕不那么靠谱。有时候,创新和胡乱折腾之间可能只有一步之遥。

其次是前沿性能力。我是一个大学老师,我们做学问的前提是了解国内外最新的前沿文献,这样才能写出有价值的论文。因为只有理解国内外的前沿文献,知道某个领域的学术前沿发展到了哪里,才能在这个基础上进行突破,才是真正的创新。如果在美国一流大学攻读人文社科的博士学位,一个最重要的训练就是上研讨课(seminar)。研讨课的核心,就是教授带领博士们研读经典的和最新的学术文献,这样就能把握目前学术研究的前沿。至于博士生们自己的研究,则要在目前已有前沿研究的基础上展开。

当然,前沿性能力不仅在学术领域非常重要,在其他领域同样非常重要。前沿性能力,既涉及学术和科研,又涉及应用性技术、市场开发和运营、服务领域的最新模式等。这些都跟前沿性能力有关,也都跟创新有关。

比如,我了解的复旦大学的一家附属医院,他们在女性乳腺癌领域的手术水平已经达到了国内和国际顶尖水平。尽管这种手术非常复杂,但许多患者不仅能被治愈,而且手术过程和手术之后几乎感觉不到严重的疼痛。那么,他们是怎么做到这一点的呢?他们又是如何实现这种创新的呢?因为这个团队花了大量时间来积累经验,开发出了一整套既能治疗患者疾病,又能减少肉体痛苦的医疗技术和实践方法。当然,如果他们的团队不是站在科研和临床治疗技术的最前沿，他们根本不可能实现这样的创新。

再次就是所谓的"干中学、学中干"。这其实是一个英文术语，即 learning by doing and doing by learning。用最通俗的话来说，就是创新过程需要一边做一边学、一边学一边做。在创新的实践领域，我们刚开始做的时候，未必清晰地知道终点在哪里。这不像我们开车去旅行，一般目的地非常明确，比如你要去新疆喀什，或是去美国加州的优胜美地。然而，在很多真正的前沿科学、学术与技术领域，在很多全新的创业领域，我们即便已经出发，但并不清楚知道最终的目的地在哪里。

拿现在非常火爆的人工智能（AI）领域来说，几乎所有大型互联网和高科技企业都开始涉足相关投资了。但人工智能最大规模的商业化应用到底是什么？其实，今天没有任何人准确地知道问题的答案，但未来10年、20年一定会涌现出来。因此，事关创新的未来总是充满了不确定性。而应付这种不确定的主要策略就是"干中学、学中干"，大量的创新就是在这个过程中不断涌现的。

最后是承担风险。创新，从来就不是一件轻松的事，它本身就意味着要面对不确定性，甚至要做好失败的准备。你越想突破原有的边界，所要面对的风险也就越大。彼得·德鲁克曾说，真正的企业家是那些把市场风险转化为盈利机会的人。他把企业家理解为承担风险的创新者。[1] 我们不仅在工商业领域需要这种承担风险的企业家精神,而且在公共领域、非营利组织、学术领域和科研领域,同样需要这种承担风险的企业家精神。

讲到这里,我还想提醒一点,创新的成功其实非常依赖运气。运气,这种虚无缥缈的东西,在成功的创新中扮演着重要的角色。但运气不是随机分布的,你做得越多,准备得越充分,遇到好运气的可能性就越大。有不少企业家朋友都跟我这样说,如果你的创新成功了,回头看,就会发现运气扮演着重要角色,但如果你在创新过程中付出的努力不够,那么好的运气就不会找上门。正如美国政治家托马斯·杰斐逊所说:"我非常相信运气,而我发现我越努力,运气就越好。"

如何发起新事业?一个伟大的女孩

这一讲的最后,我们要讨论如何发起一项新事业。这个议题在中国的教育体系中是很少被涉及的。在英文中,start-up 这个词就是初创企业的意思,而这个词的直译也可以是发起一项

---

[1] 彼得·德鲁克,《创新与企业家精神》,魏江、陈侠飞译,北京:机械工业出版社,2023 年。

新事业。

在中国大学的校园里，有一件事非常接近于这种思路，那就是你从头发起一个新的社团。中国的很多大学都有大量规模不等的社团。通常，每年开学的第一周或者前几周，很多社团就在大学校园的开阔场地招募新人。在北大三角地的区域、在复旦光华楼前的草坪上，此时就会上演"百团大战"。这个"团"，就是学生社团。如果你自己想在大学校园里发起一个新的学生社团，那就相当于发起了一项新事业。

那么，如何发起一项新事业呢？我今天先给大家讲一个美国女孩的故事。有一个名叫凯瑟琳·科迈尔（Katherine Commale）的女孩2000年出生于宾夕法尼亚州的唐宁镇，当她只有5岁的时候，她跟妈妈一起看了一个专题电视节目，说非洲有很多儿童经常遭到蚊虫的叮咬，由此带来了很多传染性疾病，比如疟疾。这些蚊虫传播的疾病常常让很多非洲孩子生病，有的人甚至还因此失去了他们的生命。

当时，小凯瑟琳不过5岁。但是，在看完这个节目后，凯瑟琳觉得这些非洲的孩子们实在太可怜了。凯瑟琳就开始思考，作为一个生活在发达国家的小孩，怎么能够帮助那些非洲贫困国家的小孩。当然，可以肯定的是，凯瑟琳的母亲也给了她很大的引导。

作为一个小女孩，凯瑟琳的能力还十分有限，但她想到的是自己可以做的事情。比如，哪怕只是一个普通美国女孩，能不能捐助一顶蚊帐,来帮助非洲缺少蚊帐的孩子们呢?她决定试试看,就在网络上开始发起募捐,要为非洲缺少蚊帐的孩子们捐赠蚊帐,同时也发起了一些义卖活动。结果出乎意料,这个小女孩努力了一年,在2006年就募集到超过6000美元的善款。

假设每顶蚊帐的价格是10美元,那么,6000美元就能购买600顶蚊帐,就能帮助600个缺少蚊帐的非洲孩子摆脱时时被蚊虫叮咬的悲惨境地。这对许多非洲的贫困家庭来说,简直就是在改变他们年轻一代的命运。

随着这个募捐项目的推进,凯瑟琳发现,要想把这个事情做好,除了好的想法,她还得找到大量的资金。问题是,钱在哪里呢?在美国,大量公益资金都掌握在亿万富翁们发起的慈善基金会手中。于是,凯瑟琳写了一封信给当时的世界首富比尔·盖茨,表达了自己的愿望和需求,希望这一项目能得到盖茨基金会的支持。

比尔·盖茨收到信件后,非常重视该项目,觉得很有意义,属于"花小钱办大事"的创新公益项目。于是,盖茨基金会答应提供有条件的300万美元配套资金支持。这样,一个年仅7岁的女孩,竟然成功地在世界首富比尔·盖茨那里获得了300万美元的慈善捐助承诺。这笔资金后来不仅能让凯瑟琳更大规模地推进她的非洲蚊帐项目,帮助数百倍之多的非洲孩子,而且也让她成功吸引了大量个人和其他基金会的支持。[1] 这样，一个美国小女孩就成功地发起了一项新事业。在联合国介入以后，目前，该项目已经帮助了超过4000万非洲孩子。

一个如此年轻的美国小女孩竟然能做成这样了不起的事情，真是令人感到震撼。虽然这背后一定离不开凯瑟琳家长的引导和协助，但无论如何，凯瑟琳用自己的行动证明了她是一个公益慈善领域的伟大创新者。

发起新事业的"铁三角"

我这些年在美国大学做访问研究时，总会注意到跟大学关系密切的独立智库与研究机构。我2025年上半年在斯坦福大学工作期间，离我办公室不过两三百米就是著名的胡佛研究所，其全称为胡佛战争、革命与和平研究所（The Hoover Institution on War, Revolution, and Peace）。该研究所由美国企业家、前总统赫伯特·胡佛于1919年初创，后成长为美国顶尖的保守主义智库。尽管胡佛研究所目前隶属于斯坦福大学，但它其实有着相当的独立性，目前支持该研究所运作的基金规

---

[1] 参见《纽约时报》关于凯瑟琳的报道：https://www.nytimes.com/2008/06/02/us/02malaria.html。

模已经突破 7 亿美元。[1]

那么,像胡佛研究所这样一个非营利的智库要维持下去,它需要靠什么呢?简而言之,这类独立智库必须依赖于三样东西:首先,它得有自己的理念,这个理念不仅能够吸引优秀的学者,而且还能吸引足够多的募捐者。其次,它得有一个高效的组织,拥有一个强大的研究团队,能够聚集一批推动特定理念的精英人才。第三,它得有充足的资金支持。如果没有足够的钱,任何机构都无法运转。只有同时具备这三者,一个独立智库才能持续运转下去。

从更广泛的意义上说,不只是胡佛这样的研究所,还包括哈佛大学、斯坦福大学这样的私立大学,都是一个个独立运转的自治组织。尽管今天的美国私立大学大体上都会从美国联邦政府获得巨额研究资助,但从根本上讲,它们都是理念—组织—资金独立的机构,它们自身的资金在理论上应该完全能够支持大学的教学和研究活动。

2025 年 1 月,我的一位企业家朋友在美国斯坦福大学一个会议的晚餐演讲中讲到,要想做成一件事,需要三个要素:第一,理念(mission);第二,组织(organization);第三,资金(funding)。我觉得,他讲得非常好。当然,很多人也持有类似的观点。

---

[1] 需要说明的是,这里不讨论胡佛研究所的意识形态与政策立场,这里主要关心胡佛研究所作为一个独立智库是如何运转的。

所谓理念，就是"你为什么要做这件事？你做这件事能解决什么问题？你所做的事情能够在哪些方面让世界变得更好？"要发起一项新事业，无论是初创企业，还是公益慈善项目，或者研究型智库机构，理念都是第一位的，它关系到一个机构的最终使命及其社会价值。所谓组织，就是你为了完成使命和达成目标，需要建立一个机构和团队，这个机构和团队的每一个成员最终都是为了推动理念的实现。所谓资金，就是你需要充分的财务资源来支持你的整个计划，而没有资金支持，许多事情就会变得寸步难行。无论是租用办公室，雇佣工作人员，发起重大活动，无不以一定的启动资金作为前提。当然，不同的项目所需要的初始资金规模是不同的。这样，当你同时拥有明确的理念、有效的组织和充分的资金时，你已经在发起一项新事业了（参见图9-1）。在我看来，这三要素不仅适用于企业部门，而且同样适用于非营利组织、慈善机构、智库和独立研究机构等。有这三样东西，新事业就能推进。

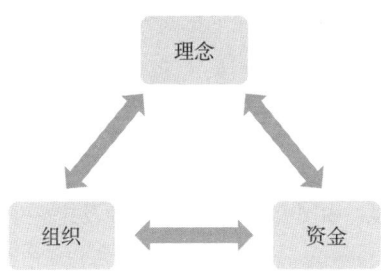

图9-1　发起新事业的"铁三角"

在工商界，大家经常会听到的问题是："我想搞创新，但没有钱该怎么办？"其实，我们只要考察一下当今这一代创业者与企业家，无论是美国的贝佐斯、马斯克，还是中国的马云、张一鸣，大部分人都是从零开始的。那么，他们靠什么启动新事业呢？当一个创业者的理念足够好，团队足够强，资金大体上就会跟进。最近半个世纪流行的风险投资更是为这样的创新者和创业者提供了极大的便利。像著名的"饿了么"外卖平台，就是上海交通大学的几名研究生创立的。只要他们的理念正确，技术可行，团队优越，就很容易打动投资者，进而找到创新所需要的起步资金。

哥伦布要想发现新大陆，其实也需要这三样东西。哥伦布的理念是发现新大陆，找到通往印度的新航道。"既然地球是圆的，如果你一直往西走，最终就有可能抵达印度。"这个理念虽然并未得到普遍认可，但哥伦布还是坚信不疑。他还需要建立一个组织和团队来支持这个远洋探险的梦想。他的团队一开始可以很小，甚至只有几个助手或后备人员。然后，他还需要足够的资金支持。哥伦布需要找到那些愿意相信他的人，并在他的项目上投入巨额的资金。所以，哥伦布的地理大发现作为一项新事业，依靠的也是这三样东西，即理念、组织和资金。

一般来说，中国大学的教育是不涉及这些内容的。其实，关于如何发起新事业的知识非常重要。在那些层级较高的圈子里，无论是市场部门，还是公益部门，许多优秀人物都在做这三件事：明确理念，组建团队，募集资金，然后把一个个新事业做起来。如果一个人的理念非常了不起，运营能力和组织才干也很强，再加上有充足的资金支持，那么他就有可能成就一番了不起的新事业。

第十讲
如何在 AI 时代学习与成长？

> 如果你是一名准备步入人工智能世界的大学生，你需要问问自己：哪些课程能让我掌握机器无法复制的技能，让我更像人类？
>
> ——《纽约时报》

今天人类已全面迎来了人工智能时代。人工智能的英文是 Artificial Intelligence，缩写为 AI，可以直译为"人造的智能"。[1] 这一讲的主题是，我们该如何迎接面向 AI 时代的教育？

我的基本观点是，AI 是这一代大学生和研究生的最大机遇。

---

[1] 关于 AI 的新趋势，可参见：Mustafa Suleyman, with Michael Bhaskar, *The Coming Wave: AI, Power, and Our Future*, New York: Crown, 2025; Ethan Mollick, *Co-Intelligence: Living and Working with AI*, London: W. H. Allen, 2024; Chip Huyen, *AI Engineering: Building Applications with Foundation Models*, Sebastopol: O'Reilly Media, 2025。

未来AI相关产业在全球范围内会带来数十万亿美元的GDP增量，如果能够骑上AI这匹快马，进入AI相关的赛道，这一代年轻人就会获得一个蒸汽机级别、汽车级别、互联网级别的科技与市场机会。当然，AI也会威胁到这一代大学生和研究生现有知识、技能的价值，AI甚至有可能会直接取代他们未来的工作机会。但无论AI是"威胁"还是"机会"，现在这一代年轻人都应该为AI时代做好充分的准备。这同时也在拷问：我们的教育——无论是作为整体的教育，还是我们作为个体的自我教育——应该如何拥抱AI时代的全面到来呢？

自我教育与持续进步的人生

绝大部分人的生活体验是，我们从小是在父母身边、老师身边长大的，接受着父母和老师的教导，这些教导也在帮助我们的成长，使我们获益良多。然而，随着我们自己的成长，到了人生的某个阶段，父母的教育已经不再能对我们产生重大的影响了，我们身边也不再有耳提面命的老师了。但是，即便离开学校，迈入了社会，我们依然面临着许多跟成长有关的问题。此时，如果我们还要成长，就只能成为一个自我教育者。

我认识不少在他们各自的领域非常杰出的人士，据我观察，这些人的共同特点是，他们在自己人生的每个阶段都有新的目标。那么，对他们来说，又该如何达成这些目标呢？他们的诀窍,就在于成为自我教育者。

在我看来,整个社会大致可以分为两种人。一种人到了一定的时候,基本就不再进步了。比如,等一个人离开学校工作若干年以后,或者到了30多岁的年龄,他此后的生活,他的认知和能力,他的视野和格局,主要都停留在过去。此后的人生,就是不断重复过去的自己。

还有一种人则与之相反,他们一辈子都在不断进步。在我看来,这样的人是全部人口中的少数。但许多了不起的成就,许多伟大的创造,往往是这样的人做出来的。这些年,我每次赴美国顶尖大学访问,总能遇到许多非常杰出的华人。2025年1月,在抵达斯坦福大学后不久,我就认识了一位在业界早已功成名就的顶尖人物。令我没想到的是,她在美国做一年访问研究,竟然是要搞清楚一个重大的历史问题。她每天的工作,就是在斯坦福大学、哈佛大学这两所高校做研究、查档案、写书稿,目标则是完成一部高质量的专著。

这样的人,真的令人肃然起敬,因为他们一辈子都在不断追求进步。对这些人来说,人生每个阶段都应该有自己的新目标,而不会停留在原地。许多时候,这些优秀人物的目标,不只是事关他们个人生活的目标,而是一个事关社会进步和群体命运的更宏大的目标。如果这样的人最终达成了目标,那么他们不仅是在造就自己,而且是在推动和建设一个更好的社会。而他们之所以能够如此,原因恐怕在于,他们很早就是一个成功的自我教育者。

中国教育变化背后的时代变迁

随着 AI 的快速发展，如何成为一个自我教育者的问题变得更加紧迫了。看到 AI 技术的快速进步，我最近时常思考的一个问题是：我们的教育能否跟得上这种最新的技术与社会发展？毕竟，我们今天教育系统的课程体系和教学方式，都是前 AI 时代形成的。问题是，AI 时代的全面到来，会推动许多革命性的新技术、新应用和新场景出现。这样，我们的教育还能适应这个新的 AI 时代吗？

长期地看，中国自 20 世纪以来在教育上经历了许多重大的变化。从 1905 年晚清政府废除科举制，到 2025 年正好是两个甲子的时间，即 120 年。回顾这段历史，中国教育系统已经经历的重要变化，总结起来主要是三个方面：

第一，从过去的科举教育到后来初步的现代化教育，目的是为了让教育适应现代社会——特别是工商业社会——的诸种需求。科举制度的主要目标是培养传统社会的士大夫，培养适应政府工作的儒家知识分子和官员，目的是教人如何做官。

现代教育需要更好地适应一个多元化、工业化、现代化的社会需求。如今，教育的直接目的是培养适应社会需要的各行各业的专门人才。今天，我们的就业主要也来自于市场部门和企业部门,而不再专门把人培养成适合做官的样子。这是第一个重大变化,即从传统科举教育到初步现代化的教育。

第二,中国的教育还需要适应整个国家从模仿到创新的转型。实际上,到 2000 年,中国的人均 GDP 只有 1000 美元左右。按照当时的经济发展水平,中国社会具有比较强的模仿能力,就已经够用了。我们可以模仿其他工业和科技发达国家的先进做法与经验,逐步提高自己的工业和科技水平,这就有很大的空间。

但是,到了今天,中国的人均 GDP 已经达到了 12000 美元,大致相当于世界平均水平,已经接近高收入国家的门槛。过去,中国的大量人口还是农村人口和农业人口,我们只要把人口从农业部门转移至工业部门,生产率的提高和经济总量的增长就有很大空间。特别是,我们模仿美国、欧洲与日本擅长的技术,做到品质接近、成本更低,就能在全球市场和分工体系中立足。但是,当中国的经济发展和人均收入水平提高以后,整个社会更需要转向创新和创造。因此,教育的目标也需要发生变化,应该从培养模仿者转到培养创新者和创造者。那么,如何培养创新者和创造者呢?这应该成为中国教育发展的新课题。

第三,人工智能的快速发展是最新的大趋势。过去,我们可以称之为"前 AI 时代"。而随着 2023 年美国 OpenAI 公司升级 ChatGPT 这一人工智能大语言模型的应用,以及后来中国多款人工智能应用的上线,人工智能迎来了大规模的爆发。当然,人工智能的概念已经不是新鲜事物，它的起源可以追溯到过去的计算机时代和互联网时代。只是到了如今，人工智能应用的智能程度大幅提高了。

尽管人工智能的关键技术发展和重大商业应用仍然具有巨大的不确定性，但可以确定的是，人工智能——无论从技术上还是从产业上——都是这个时代最具决定性的发展趋势和产业机会。问题是，我们的教育如何从前AI时代的教育，转型为适应AI时代的教育呢？这是教育管理者、教师和学生需要共同面对的挑战。如果教育系统的更新速度低于AI的发展速度，我们每个人如何成为适应AI时代的自我教育者，就成了一个非常重要而紧迫的问题。

AI正在改变一切：从知识到教育

我们过去掌握的很多知识，在AI时代到来之前可能确实很有用。但随着人工智能技术的快速发展，究竟"什么是有价值的知识"这个问题正在发生转变。培根说，知识就是力量。实际上，我们所掌握的知识就是立足社会的重要资本。但现在，我们不得不开始反思：这些知识，真的还像以前那样有价值吗？

你看，过去的教育——不管是在中国，还是在世界范围内，无论是中小学，还是大学——其实都建立在一种"知识差"或

"信息差"的基础之上。什么意思呢？这意味着，我知道而你不知道，所以我就能教你。老师之所以可以站在讲台上讲课，答疑解惑，很大程度上，是因为他们掌握了学生所不知道的知识与信息，或者至少教师的知识与信息相比于学生要更全面、更系统和更前沿。

问题是，AI时代来了，这种"知识差"或"信息差"正在快速缩小，甚至正在消失。你想象一下，在大学课堂上，很可能就会发生这样的场景：教授正在讲一个自认为很经典的故事或笑话，他原本以为学生没有听过，讲完或许还能引发一阵笑声。但是，教授刚讲个开头，下面的学生已经把关键词输入到打开的Pad或电脑里，借助搜索系统和最新的AI大语言模型，整个故事的来龙去脉马上就呈现在屏幕前。结果是，教授的故事还没讲完，学生们早已知道故事的结局了。可见，这种传统上有效的授课方式，由于AI的到来，正在遭受前所未有的挑战。

大家其实可以看到，要想在AI时代当好大学老师，难度要比过去大得多。大学老师过去引以为傲的知识和信息储备，学生现在能迅速获得，甚至借助Google和包括ChatGPT在内的各种AI工具，他们所能轻松获取的知识量和信息量比大学老师所能掌握的要大得多。

试想一下，一个大学老师站在讲台上，下面坐着几十、上百个学生，每个人都手握强大的信息终端，再加上AI的加持，这种情况下，我们原以为的师生之间的"知识壁垒"和"信息鸿沟"早已被新技术突破了。这意味着，我们必须重新思考教育的本质、教师的角色和学生的角色。

正是因为 AI 时代的全面到来，我最近一直在思考，现在的教育需要什么样的知识结构、理论体系、逻辑框架与思维方式？从中小学到大学，我们到底该怎样做，才能全面适应全新的 AI 时代？AI 时代的到来，对教育究竟意味着什么？在 AI 时代，我们需要进一步追问：知识的本质到底是什么？能力的本质到底是什么？教育的本质到底又是什么？我们过去认为有价值的东西，今天还依然有价值吗？AI 究竟改变了什么？关于现在与未来的教育，我们到底应该怎么办？

这些问题并没有简单的现成答案，但它们提醒我们，教育不能停留在过去的传统模式上，而必须正视 AI 时代对知识、能力与人本身的一系列挑战。我认为，中国社会亟需一场关于教育的全民大讨论：在 AI 时代，中国教育究竟应该向何处去？

中国教育的成就及其挑战

从 1978 年启动改革开放到现在，中国教育走过了 40 多年的路。这 40 多年，应该说中国教育取得的成就是不小的。当然，从更高标准来说，很多人对现在的教育还很不满意，跟教育有关的各种问题还很多，这也是现实。

关于中国教育的成就，我主要说三件事情。第一，九年制义务教育的普及，这就是一件大事。回到 1978 年的中国社会，当时的文盲率其实还不低，尤其是在广大的乡村地区。但是，到了今天，中国对超过九成五的人口实现了九年制义务教育。当然，中国不少落后地区还有一定的辍学率，中国整个中小学的课程体系和教学内容还不够前沿，教育减负"越减越负"的现象比较突出，学生身体和心理健康问题不容乐观等，都是需要改善的现实问题。然而，跟其他发展中国家相比，一个国家在短时间内基本解决全民基础教育问题，这本身是一个成就。经合组织（OECD）2020 年的一部分研究报告，尽管也指出中国教育的问题，但总体上给中国教育以较高的评价。[1]

第二，随着 1990 年代启动的中国大学扩招，如今中国高等教育普及率已大幅提高，目前已经达到六成左右。我本人是 1990 年代中期的高考生，当时全国大学的年度招生规模大概是 100 万左右。而最新的年度招生人数规模已经达到了千万级别。当然，对于中国高校大规模扩招，许多人都有着不同的观点，这很正常。但总的来说，一个现代化的国家需要更多人接受高

---

[1] OECD 关于中国教育系统的评估，参见：https://www.oecd.org/content/dam/oecd/en/publications/reports/2020/10/benchmarking-the-performance-of-china-s-education-system_0f925dda/4ab33702-en.pdf？utm_source=chatgpt.com。

等教育。这不仅会提升整个国家的知识和技术水平,而且还会提升一代年轻人对生活的期望值。按照国际机构的评估,目前在包括大学、学院和高等职业院校在内的高等教育入学率上,中国已经接近欧美国家的水平,远超许多人均GDP跟中国相当的发展中国家。[1] 当然,现在的挑战是,中国那么多接受高等教育的年轻人口能否从事与高等教育相匹配的工作?

第三,中国大学及其科研水平的国际排名出现了较大幅度的上升。比如,在2025年度QS(Quacquarelli Symonds)全球大学排行榜上,中国内地有5所大学进入全球前50名,分别是北京大学(14)、清华大学(20)、复旦大学(39)、上海交通大学(45)、浙江大学(47)。[2] 在2024—2025年《美国新闻与世界报道》全球大学排行榜上,中国内地有9所大学进入全球前100名,分别是清华大学(16)、北京大学(31)、浙江大学(51)、上海交通大学(54)、中国科学院大学(69)、中国科学技术大学(82)、复旦大学(85)、南京大学(98)、华中科技大学(100)。[3] 中国大学在这两份全球最好大学榜单中的排名,在启动改革开放之初的1978年,还是无法想象的。在

---

[1] https://worldostats.com/education/tertiary-school-enrollment-by-country/.

[2] https://www.topuniversities.com/world-university-rankings? items_per_page=100&search=east%20china%20no.

[3] https://www.usnews.com/education/best-global-universities/search.

全球最具影响力的《自然》杂志所公布的各种关键科研指数方面，中国内地的顶尖大学和科研院所也占据了较高的排名。有些排名评估的不仅是发表论文的数量，还有发表论文的综合影响力。从这些指标来看，中国大学和科研机构在许多领域相对于美国、欧洲和日本确实都出现了很大的进步。[1]

所以，我们首先得承认中国教育在过去40多年中取得的进步。尽管如此，今天的教育确实还面临着许多重大的问题和挑战。根据这本书的定位，我这里不讨论科研等大学管理最前沿的问题，而主要讨论基础教育和大学教育中跟学生直接有关的问题。

首先是中学教育和大学教育中普遍存在的一种对"能力"的误解，或者说，是一种错误的能力观。举个例子，在中学阶段，我们往往通过某些"标准化"的方式来考察学生的能力。在理科课程中，我们特别重视学生的解题能力；在人文学科中，我们特别强调学生的记忆能力。

但问题在于，理科的解题能力和文科的记忆能力，真的就是我们所说的"解决实际问题的能力"吗？这些能力跟更高级的"创造力"是什么关系呢？出于管理的便利，我们是否正在用一种"容易量化"的能力指标，来替代那些真正重要、但更

---

[1] https://www.nature.com/nature-index/institution-outputs/generate/all/global/all.

难测量的核心能力？通过这种方式来评估学生，真的能有效地提升学生面对复杂局面时解决问题的能力吗？这恐怕是两回事。这也提醒我们，有些教育方法看似严谨、系统，但它们所培养的能力未必真的适合于解决现实世界的问题。

其次是我们的教育过分重视服从而较少重视创造。可以理解的是，强调服从是为了便于学校和老师的管理。但问题是，如果过度强调服从，就很可能以牺牲创造力和想象力为代价。

你会发现，在中国的许多地方，从小学一年级开始，甚至从幼儿园开始，学校就对孩子的"坐姿"进行严格的统一规定。比如，坐的时候要背挺直，手要么放在课桌上，要么规规矩矩地放在身体的背后。这样的坐姿本身没什么问题，看起来也很整齐、很有秩序。但是，为什么手一定要放在胸前或者背后呢？其实，主要是为了防止孩子们上课时做小动作。换句话说，这样的规定并不只是培养身体的仪态，更是在训练孩子对规则的服从。问题是，当我们让孩子们从小就在坐姿上都一模一样，上课都要跟着老师的想法走，等他们长大后，我们又该如何培养他们的好奇心、想象力与创造力呢？

所以，挑战在于，一方面我们希望培养大量的创新型人才，另一方面我们从一开始就训练或规训孩子们的服从或者整齐划一。如果我们真的重视面向未来的教育——尤其是面向 AI 时代的教育，就应该把培养孩子们的好奇心、想象力和创造力放在更重要的位置上。

再次是扭曲的绩效目标可能会导致扭曲的教育。我们都知道,一个非常现实的问题是,每个老师都有绩效目标,每个校长都有绩效目标,每个教育局长也都有绩效目标。但问题是,所有的这些绩效目标跟教育应该指向的真正目标之间,重合程度到底有多少?管理学的永恒难题是,许多时候要达成的目标往往是多元的,但能够考核的目标总是有限的,而一旦某些指标被纳入考核体系,那么它们就会主导事物的发展方向。

据我观察,中国的教育系统和学校的考核目标可能还会影响这一代中国学生的精神气质。比如,目前中国中小学的许多管理方法和考核目标,就非常不利于对男生男子汉气概的培养。比如,现在许多学校都规定,学生下课以后不能跑动,课间不能去操场,理由是课间跑动会带来风险。万一学生在教室走廊或楼梯上摔倒了呢?如果真的发生这种事情,家长就有意见,甚至要求学校负责。学校为了规避可能的风险,就按照风险最小化来制定各种学生行为规范,包括尽可能减少课间跑动的机会。结果是,这种教育方式自然不利于男生的男子汉气概的养成。

如果你什么都担心,那么世上任何事情都会有风险。世上又有什么事没有任何风险呢?学生自己骑车上下学,会有风险;学生跑动打闹,会有风险;学生课间在操场上奔跑,也会有风险。如果学校设定了风险最小化的绩效目标,并要求每个班主任遵照执行,那么结果自然就是限制学生活动的自由程度。这种对潜在风险的严防死守,可能会导致对其他重要教育目标的忽视。

另一个缺憾是许多学生如今面临程度不等的身心健康问题。这个问题在过去十多年里恐怕变得越来越突出。一个可信的基本判断是,今天中国在读中小学生的身心健康问题是非常严重的。教育部网站公布的一项研究称:"全国性调查也显示我国6至16岁在校中小学生精神疾病患病率高达17.5%。"[1] 这意味着每6个孩子里,就有一个孩子的精神与心理健康是有较大问题的。这也意味着每6个家庭中,就有一个是属于子女精神与心理状况有问题的家庭。

总之,如果说中国教育的这些问题本来就存在,那么随着AI时代的到来,这些问题只会愈发凸显。无论对于知识和能力的理解,还是对服从与创造的平衡,或是对教育目标与绩效的定义,AI都提供了一个完全不同的情境与场景。

AI时代的知识、个性与国家竞争力

随着AI时代的全面到来,我们的教育系统面临着更大的

---

[1] 陆林:关注学生心理健康 完善精神卫生诊疗体系,参见:http://www.moe.gov.cn/jyb_xwfb/moe_2082/2024/2024_zl03/202402/t20240227_1116992.html。

挑战。由于AI这个新变量的出现，我们对许多事情的理解也会有很大的不同。首先，如何在AI时代理解知识和能力？这就是一个很重要的问题。现有教育体系的一般做法，是给学生在知识和能力上以必要的训练，使他们达到一定的高度。问题是，随着AI时代的到来，我们还能以陈旧的观念来理解知识和能力吗？

比如，在AI时代之前，我们过去的教育讲授的更多是确定的知识。但是，到了今天，知识边疆的扩展速度越来越快，各种新鲜事物和资讯层出不穷。那么，我们过去确定的知识，能否应对这种知识不断快速扩展的局面呢？

今天的教育，当然还需要教授许多确定的知识。但我们要清楚，教授这些确定的知识的目的，不是单纯为了这些知识本身，而是为了帮助学生获得寻找和探索不确定的知识的能力。只有具备这种能力，学生才能根据自己的需要，学习和掌握新的知识，甚至是创造新的知识，进而能在自己专长的领域不断地去开辟新的知识边疆。

有人说，对今天的学生来说，能够掌握确定的知识，在关键考试中取得高分，这才是最重要的。否则，这个学生就无法敲开精英大学的大门。这样的说法，当然是考虑到了我们前面讲到的脚踏实地需要考虑的结构性约束条件。但问题是，如果大家都这样想、这样做，结果就会导致集体性的囚徒困境。如果你不全力以赴去刷高分，当别人都这么做的时候，你就会相对落后了。

我见过北京的一所著名中学,多年以来都有着非常现代的教育理念。比如,我曾经拿到该校的一份宣传册,扉页上就写着要培养负责任的现代公民。这所中学当时就采用了很多大学才有的选课制的新式教育方法。但问题在于,这所中学过去一些年的高考成绩表现平平,甚至还出现了相对下滑。我听过北京一些家长的说法:"这所中学培养的孩子综合素质非常高,但是……"这个"但是"的后面,就是该校的高考和升学成绩并没有达到顶尖的程度。结果是,很多家长不愿意把自己中考成绩最好的孩子送到这所学校就读。由此,这所学校就面临着巨大的压力。其实就是一个集体性的囚徒困境。

那么,如何打破这个囚徒困境呢?我想,这不是单个家长的问题,也不是单个学校的问题,而需要整个社会一起来思考。尽管如此,很多改变往往是从少数学校、少数家长、少数学生开始的。

如果说过去的教育更多注重的是确定的知识,那么到了AI时代,我们越需要关注不确定的知识。因为确定的知识,借助AI,我们就能以相对较低的成本来获取。所以,我们更要培养学生具备探索不确定性、创造新知识和不断开拓人类知识边疆的能力。这就给我们的教育转型提出了新的要求。

其次,既然AI时代共性的公共知识越来越容易获得,具有原创性与创造力的东西就变得越来越重要。我前面曾经提及，我们的教育比较忽视个性的发展。而任何具有原创性与创造力的东西，都是跟人的个性因素有关的。

1948年颁布的《世界人权宣言》就强调："教育的目的在于充分发展人的个性并加强对人权和基本自由的尊重。"该宣言把充分发展人的个性视为教育的基本目的。所以，一种理想的教育，不仅要在一般意义上注重人的知识和能力的训练，注重养成完善的人格，而且还要注重个体与个体之间的差异，并在尊重这种差异的基础上实现因材施教。

每个个体之间存在着显著的差异，这是人的基本特点。每个人的特殊性，不是他跟别人相似的地方，而是他跟别人不同的地方。只有我们的教育注重每个人的差异，发展每个人的个性，下一代的好奇心、想象力和创造力才能得到充分的激发。否则，如果我们的教育只强调共性，只强调标准化考试的评价，那么"充分发展人的个性"就无从谈起。

今天我们的教育考试制度追求的主要还是全面的优秀。当然，我也赞同一个观点，在更好的高考制度没有发明出来之前，以一场综合程度很高的考试作为评价标准，以成绩面前人人平等作为原则来录取大学生，是中国社会目前最公平的制度之一。问题是，这种追求全面优秀的模式固然有很多优点，但至少有一个很大的缺陷，那就是无法兼顾许多人的个性差异。当然，在目前的高考制度下，许多省份都有高中阶段的文理分科，或者进行不同科目组合的自我选择，但总体上，这种考试制度还是要追求全面的优秀。

如果我们考察不同国家的教育模式，尤其是像英国、美国这样的国家，你会发现，他们固然注重基本素养和通识教育，中学教育也需要覆盖相当的科目和知识范围，但他们更追求的，往往是个别领域的顶尖。

客观来说，全面优秀，很少有人真正能够做到。即便阿尔伯特·爱因斯坦是20世纪最伟大的物理学家，史蒂夫·乔布斯是20世纪最伟大的企业家之一，但他们并非擅长任何事情。这才是一个个优秀的正常人。当我们要求全面的优秀时，反而可能会牺牲掉本来可以在个别领域达到顶尖的可能性。到了AI时代，如何发掘每个人最具优势的领域，已经变成教育领域一个更紧迫的问题。

再次，到了AI时代，教育的创造力变得愈发重要，而且这种教育的创造力跟国家竞争力的关系也变得愈发密切。大家都知道，国家间的竞争实际上就是科技的竞争，而科技的竞争也就是教育的竞争。这个说法，是大家普遍接受的观点。但从更深的层次上说，国家的竞争更是创造力的竞争。模仿和努力工作，固然可以让一个国家达到尚可的发展水平，但唯有创新和创造，才能让一个国家成为真正的发达国家。

我们上面提到，目前的教育系统非常注重考察理科的解题能力，考察文科的记忆和理解能力，注重培养学生对规则的服从，测试学生对既有知识的把握，这些做法都有其特定的价值。

但是，随着 AI 时代的到来，我们还得问一个问题：这些做法有助于提高人的好奇心、想象力和创造力吗？站在 AI 时代的入口处，我们的教育——无论作为一个整体，还是每个家长、每个学校——都更应该把培养学生的好奇心、想象力和创造力作为一个优先事项，提上议事日程。

要做到这一点，我们的教育系统首先需要尊重人。尊重人的尊严，捍卫人自由探索的权利，这些都是很基本的。如果你不尊重人，不捍卫人自由探索的权利，那么几乎就不可能培养创造力。当一个个体受到足够的尊重，他觉得自己很重要，自己的想法很重要，才会有动力、有信心、有勇气去做开拓人类知识边疆的工作。假如一个人想要探索不确定的未知知识，但外部世界总是否定他、抑制他，那他如何能去开拓人类的知识边疆呢？所以，对人的尊重和对自由探索的捍卫，本身就应该成为创造力教育的一部分。

为了培养创造力，我们还需要拥有广博深刻的通识教育。按照古希腊人的看法，城邦的每个公民都应该接受博雅教育。广博深刻的通识教育，可以为每个人的一生奠定良好的基础。我们目前的通识教育——无论中学阶段的，还是大学阶段的——都还有很多可以提升的地方。

实际上，创造力并非"凭空冒出"的灵感，而往往来源于广博知识和多元背景的激发。通识教育正是通过涵盖哲学、历史、文学、科学、数学等多领域的训练，帮助学生从不同角度看待问题，培养想象力、创造力和批判性思维。比如，艾萨克·牛顿提出万有引力，影响他的不只是科学实验和物理计算，还有他对神学、自然秩序的理解；达·芬奇的创造力既来自他的绘画技艺，又来自他在解剖学、建筑学领域的训练。

在 AI 时代，我们亟需接受跟 AI 有关的面向未来的新通识教育。这并不仅仅意味着我们在课程体系中增加几门关于人工智能的入门课程，更重要的是，我们要深刻理解 AI 的本质，理解它如何改变知识的获取、信息的生成，甚至思维方式本身。今天 AI 的迅速发展正在重塑知识边界和能力结构。我们需要知道，AI 不仅是智能工具，它更是我们的认知伙伴。面向 AI 时代的新通识教育，不只是培养懂得 AI 的人，更是要培养能与 AI 共生的人。这将决定我们在 AI 时代能否有效应对这个快速变化的世界。

AI 是这代年轻人的最大机会

在准备这一讲内容时，我曾询问 ChatGPT 两个问题：第一，AI 对教育有什么影响？第二，教育应该如何适应 AI 时代？结果发现，它的回答并不令人满意。原因其实不难理解，因为人工智能大语言模型是根据过去已有的数据和资料来进行回答。这两个问题恰恰是这个时代的新问题，是正在发生和面向未来的新现实。所以，它的回答就不会令人满意。这也揭示了 AI

的局限性。

再过几年,如果你问 AI 语言模型同样的问题,我想,它就可以给出很好的回答。因为到那时,美国、欧洲、东亚其他国家和中国应该已经积累起很多相关的学术文献和社会实践,包括成功案例和失败经验。这样,基于这些数据和资料,人工智能大语言模型就能给出很有质量的回答。

但这就是我们今天正在面对的重要问题。一个问题之所以重要,无非是因为它对未来有着重要的影响。在这个问题上,我认为,首要的认知是未来是不确定的,所以我们应该保持开放的心态。随着 AI 的迅速发展,人类今天的教育一定会面临许多挑战,但同时也充满机遇。

按照较乐观的预测,未来 AI 将会创造出数十万亿至上百万亿美元的新增 GDP。如果这种预测成立,那么,AI 未来有可能会带来一个相当于今天全球经济总量一半以上的大幅增长。可见,我们今天只是处在 AI 时代的起点上。所以,对今天的大学生和研究生来说,AI 将是这代人最大的科技与经济机遇。

未来 10 年、20 年,甚至 50 年,我们会继续见证 AI 对整个世界的改变。这种改变将不会逊色于过去个人电脑、互联网和移动通讯给这个世界已经带来的巨大改变。正是因为这种可能的巨大改变,未来一二十年将会由于 AI 新技术的进展和普遍应用,让今天的世界变得面目全非。我需要反复提醒的是,今天我们还只是站在人工智能时代的入口处。未来，AI不仅会带来科技革命和产业革命，还会引发社会结构和生活方式的革命。

这些从科技到社会的革命，需要我们对一系列重要问题重新进行思考。比如，在AI全面崛起的时代，到底什么是知识？到底什么是能力？我们的教育又该如何适应AI时代？我们未来的威胁是什么，而机会又在哪里？这都是我们需要认真思考的问题。

在1980年代的中国，优秀的泥瓦匠、木匠、铁匠等在中小城镇和乡村地区还是随处可见的。由于掌握一定的手艺，相比于普通人，他们可以算得上那个时候较为优越的工种。但是，后来随着中国工业化进程的快速推进，原本由一个个工匠所掌握的技术，其价值不仅没有提高，反而是在下降。工业化带来了机器生产和标准化流程，曾经属于匠人的手艺被现代机器和生产流程所替代。在改革开放的初期，应该说传统工匠还是一个社会极重要的工种，但由于技术进步和生产革命，他们的市场份额和技能价值都发生了重大的变化。这就是技术进步重新塑造社会工种价值的一个案例。而今天AI将再次从根本上重新塑造我们的社会。

问题是，AI究竟会如何改变我们的社会呢？更具体地说，AI会如何改变人类未来的产业结构、社会结构、知识结构与能力结构呢？这也是我们所有人都需要认真思考的问题，因为这个问题跟我们每个人的命运都高度相关。

我作为一名学者,已经亲身体会到 AI 在许多领域带来的巨大改变。2025 年 1 月,我收到了来自一家英国著名出版社的英文图书出版邀约,邀请我出版《大国的命运》和《儒法道》的英文版。他们在这份出版邀约中直接提议,我现在可以借助 AI 技术来解决大部分翻译问题。这样,中译英这个原本非常耗时耗力的工作,由于 AI 技术的成熟,其时间成本和财务成本一下子大幅降低了。在这个案例中,AI 对我这样的学者来说,就成了一种"能力增强型"的技术创新,因为它可以极大地提升我的工作效率——特别是在学术专著翻译上。然而,AI 对于出版翻译行业来说,就成了一种"能力摧毁型"的技术创新。由于 AI 翻译技术的成熟,原先的出版翻译行业将会面临一次大的洗牌。

这个案例说明,随着 AI 时代的到来,许多专业领域将会发生巨大的变化。当 AI 翻译大规模替代过去的人工翻译时,就在发生着大规模的"技能替代"。随着 AI 技术的日趋成熟,译著出版的流程和模式将会发生大规模的重构,其方向是效率提高和成本降低。纯技术性的翻译将会被 AI 翻译大规模替代,而翻译专家未来更多是扮演审稿或审核的角色。

所以,趋势就是,AI 的全面崛起将会对不同的知识、能力、技术、行业产生巨大的影响。AI 有可能强化某些特定知识、能力、技术、行业的价值,对这些领域,AI 就是能力增强型的技术创新；对另外一些领域来说，它又可能会削弱某些特定知识、能力、技术、行业的价值，AI 就是能力摧毁型的技术创新，由此会导致大规模的技能替代革命。

但无论怎样，我们无法而且也不应该去阻挡这场 AI 革命的进展，我们唯一能做的就是适应这场 AI 革命在方方面面带来的巨大改变。

年轻人应该拥抱而非恐惧 AI 时代

从根本上说，AI 将会深刻地改变现有的财富结构、权力结构与社会结构。随着 AI 时代的加速到来，我们可能会看到这样一种趋势：社会上将出现一小部分因人工智能而获得巨大优势的群体。如果一个群体既掌握 AI 前沿科技，又拥有充足的资本，并且具备强大的市场能力，那么他们就具备了将科技、资本与市场深度整合的能力。一旦完成这种整合，该群体就可能创造出全新的技术应用和巨大的市场空间，由此带来海量的收入和资本收益。

换句话说，在这样一个 AI 新时代，真正拥有核心优势的，将是那些能够同时驾驭科技、资本与市场的少数关键人群。他们不仅懂得 AI 前沿技术，拥有资本财务资源，而且知道如何把握市场需要和顾客价值，进而能够把握趋势和驾驭未来。这样的人群就是 AI 时代的领跑者，也可能是新一轮 AI 驱动的社会结构巨变的关键力量。

但与此同时,AI 也会给许多人带来严峻的挑战。过去拥有的知识、能力与技艺有可能因为 AI 的大规模应用而被替代。尽管 AI 的知识与能力目前还是以人类现有的知识与能力为边界,但是,超强计算能力加上知识与能力在单个 AI 载体上集中应用,可以使得 AI 超过绝大部分人类个体的知识与能力。所以,可以预见的是,在各种制造业和服务业,AI 对于人工的替代将会逐步发生。当一种种应用趋于成熟后,AI 对人工的大规模替代还会加速。

从高速公路收费到电动汽车制造,从金融市场财经分析到普通电脑工程师所从事的编程,从农作物的耕作和养护到医院重大疾病的临床诊断,从年迈老人的日常看护到家务劳动,甚至是孩子的家庭管带,这些领域都会出现大规模的 AI 应用和工作替代。所以,随着 AI 的兴起,人类现有的大量产业和就业结构都会发生深刻的重构,而现有的就业市场和技能组合也一定会遭到巨大的冲击。

作为今天的大学生和研究生,我们既需要基于 AI 时代来重新理解今天所学的知识和能力的价值,实现知识和能力的进一步提升,又需要努力把自己的学习、研究与成长跟 AI 紧密结合起来,努力打造一个"AI+ 的自我"。如果这一代年轻人还只是以前 AI 时代的旧模式来学习、研究和成长,那么等他们离开学校、踏入社会的那一刻,就会发现自己的知识、能力与技艺已经落伍了。大学生和研究生应该努力提高自己的知识、能力与经验中的 AI 指数，这将成为一种必要的选择。

当然，在长期中，我还是一个乐观主义者。早在 200 年前，当工业革命时代的机器大规模出现之时，有人就担心工人会出现大规模失业。当时英国和欧洲的激进左翼团队甚至还发起过"捣毁机器"的运动，因为有人认定，机器正在抢夺他们的饭碗。然而，事实却是，随着机器的大规模应用，市场出现了重大的结构性调整，各种新的产业与就业机会也随之被创造出来了。所以，这种调整对普通工人来说未必是一个坏事。

长期来看，市场就是最好的调节力量。历史经验是，市场能够让绝大部分人找到适合自己的事情。随着新技术的兴起和普及，固然有些旧的产业和工种消失了，但新的产业和工种会不断涌现。拿上面提到的工业革命来说，机器的大规模兴起，固然使得许多借助手工技艺的行业和工种消失了，但工业革命创造了大量过去完全无法想象的新产业和新工种。

举例来说，在 1990 年代，中国人还很难想象，出境旅游会成为一个大规模的产业。同样，作为今天的人类，我们可能还很难想象，太空旅游与星际旅行会成为一个大规模的新产业。但随着技术的不断进步，这一天一定会到来。所以，AI 革命的推进，固然会削弱甚至摧毁一些行业和工作，但 AI 革命的进展一定会创造新的供给和新的需求。最终来说，我们将会面对一个全新的世界。

尽管国内外许多从事人文研究的学者在新技术问题上更多是悲观主义者,甚至是恐惧主义者——因为悲观和恐惧往往代表了哲学家的深刻,但我并不赞同对于 AI 新技术革命的这种悲观主义论调。AI 新技术的兴起,确实会带来许多难以解决的挑战,但我们仍然应该对市场机制抱有足够的信心。在许多重大技术变革的关头,市场机制都会基于相对价格和成本收益原则,表现出惊人的自我调整能力。长期来看,人的生产力和自由度也会在 AI 技术推动下得到前所未有的巨大解放。

所以,我们不应该拒斥或恐惧任何 AI 新技术,我们真正需要思考的是如何推动和适应 AI 新技术。对今天的大学来说,我们当然有必要开设一些高质量的 AI 课程,但是,仅仅开设一些 AI 课程是不够的。我们需要从根本上发起一场转型,就是要打造一个适应 AI 时代的全新教育系统,因为 AI 正在重新定义知识、能力与技艺。一个成功教育系统的唯一选择是适应这种 AI 将会成为支配力量的新现实。

当然,今天的我们还只是处在 AI 时代的入口处,没有人可以准确预见 AI 的未来到底是怎样的。但是,可以确定的是,首先 AI 的基础技术还会快速发展,然后 AI 的各种应用会逐渐出现,由此带动工业制造、家庭服务、教育培训、养老看护、医疗服务、科学探索等领域 AI 应用创新的大规模井喷。对于未来一二十年的中国来说,AI 这一新兴领域至少会创造几万亿美元的全新市场规模。

创新始终是不确定的。除了技术领先，创新往往是循着更大市场需要、更高顾客价值和更低成本的方向演化的。我的理解是，正是在市场最需要同时技术最可行的地方，AI 首先会出现大规模的商业应用。

这是 AI 的未来，也是年轻人的未来。